2023 開運大預言

&喜兔年 開運農民曆

雨揚老師／著

目錄

PART 1

2023

兔年運程前瞻

喜兔迎福！2023兔年運程前瞻

「喜兔迎福春光暖，鴻兔大展吉兆顯。」告別了福虎生豐的壬寅虎年，二〇二三年由喜兔接棒，迎來了福祿滿盈的癸卯兔年。今年恰逢桃花年，處處繁花盛開，生機蓬勃，使貴人與良緣如花朵般綻放，也象徵幸福戀情即將來訪，可把握良機拓展人脈、締結善緣，讓我們時時刻沐浴在甜蜜美滿的氛圍中，幸福溢於言表。

古云：「靜如處子，動若脫兔」，兔子擁有敏銳的聽覺與視覺，一對順風長耳能耳聽八方，廣納各方消息，掌握勝利先機；廣大的視覺範圍，可助長廣闊見識，眺望遠大目標。其善於奔跑與跳躍，在面對重重困難時，總能鼓起勇氣，將難關一躍而過，奮力躍奔前程；而兔更諧音「途」，承載著前途似錦的美好祝願，可庇佑我們在癸卯年揚眉吐氣，大展鴻圖！

二〇二三癸卯年爲水兔年，從天干地支來看，癸爲水，卯爲木，水木相生，生生不息，加上桃花年的加持，可活絡人緣財富，令貴人雲集，爲功名事業增光添彩、替仕途增添強旺助力，全方位提升事業運程，助事業高昇，飛黃騰達！

兔子無畏艱難的精神，賦予我們在癸卯年源源不絕的勇氣，讓我們得以用堅定的信念，跨越低潮不安、令困難迎刃而解，並將所體悟的經驗，化爲灌溉自身的養分，在使自己成長茁壯之餘，也能將這份正向的力量，傳遞給世間大衆，期盼衆人一同攜手向前，彼此互助友愛、心懷善念、時時感恩，如此一來，便能在無形中積累福報，收穫無窮富貴福澤，共享每刻幸福時光。

開運提點

在癸卯年的開運祕法上，癸屬陰水，爲雨露之水，滋養萬物；卯屬陰木，如同矮小之樹韌性堅強。今年是水木相生之年，舉凡跟水能量相應的事物，如穿戴藍色的衣物或配件，或掛上以流水或瀑布爲主題的風水畫來裝飾空間，皆能活絡財水，同時強化木行能量，讓好運加倍暢旺！

除了運用色彩的能量來開運，每天早上的五點至七點爲卯時，也是桃花時辰，不妨試著靜坐冥想，搭配柔和的音樂，透過意念與宇宙的能量相互呼應，有助召喚桃花能量，提升靈性，開啟桃花好運。

此外，桃花年最重要的就是散發正向磁場來暢旺人緣，達成事業財富成就，可在家中擺上鮮花，讓花香圍繞左右，令財神歡喜，貴人臨門；多使用木質調的香氛，如雪松、檀香、檜木等，可提升能量及氣場，進而帶來好財運！

最後，不論您是否犯太歲，都應多做煙供布施，有助消災解厄。平時也可使用艾草皂清潔身體，可洗去穢氣，轉換好磁場，使財路暢通、行事順遂、諸事圓滿。

立春開運法：以陽氣提振好運

二十四節氣以「立春」爲首，代表著一個新的循環展開了，雖然大多數人都以農曆過年爲主，但立春是二十四節氣中的第一個節氣，決定著癸卯一整年的運勢，想要擺脫不順，迎接好運，就必須把握立春開運時機，才能搶得先機，開創嶄新局面！

今年於國曆二〇二三年二月四日早上十點四十二分交立春節氣，正式揭開萬物復甦的春天序幕，同時也是生肖的分界點，過了此時出生的寶寶生肖即屬兔。

當日的開運吉時爲早上十一點至下午一點，若天氣晴朗，不妨走出戶外踏青，與大自然接觸，吸收木行能量，可帶來積極向上的動力，倘若遇到雨天，可點燃香氛蠟燭或酥油燈，亦可照亮前程，將有助提升運勢、逢凶化吉喔！

2023國運流年分析

以癸卯年立春八字看國運

	年柱	月柱	日柱	時柱
主星	比肩	傷官	命主	偏財
八字	癸卯	甲寅	癸巳	丁巳
藏干	乙	甲 丙 戊	丙 戊 庚	丙 戊 庚
副星	食神	傷官 正財 正官	正財 正官 正印	正財 正官 正印

癸卯年在六十甲子納音爲「金箔金」，在八字命理的古書籍中有此記載：金箔金命中癸卯金箔金，喜在生旺之方，可輕易得貴。

癸卯納音金箔金，納音金能生天干癸水，因而稱「貴會源」，蘊藏源頭爲貴的含義。癸卯，木的帝旺在卯，納音金又剋木爲財，因而稱其爲財旺體弱的金。寅卯爲木旺之地，木旺金藏，金絕于寅，胎于卯，金既無力，故稱金箔金。

民國一一二年，西元二〇二三年（癸卯年）的立春八字，天干見「比肩」、「傷官」、「偏財」。

「比肩」爲剋財之星，代表今年得財不易，勞多獲少，也表示和兄弟朋友之間互動佳，但是此立春八字的比肩並非喜用，有可能會被兄弟朋友出賣，或易有破財、經營事業不順等情形發生。

而在政府機關、民代、企業主管，乃至於同事、親戚等表面上雖行禮如儀，但私底下為了個人利益，推諉卸責、暗自角力、互相比較等諸類事情，也時有所聞。

「傷官」雖可以生財，但也會剋制官殺。傷官更意謂著今年靠創作或發明而成立的個人工作室將比以往多，YouTuber 或網紅也會日益增加，除了在公司上班和經營小生意，賺錢方法層出不窮，像是幫人跑腿、到府遛狗賺鐘點費、幫畢業生操刀論文等也就見怪不怪了！但要留意切勿為了金錢而發生道德敗壞、鋌而走險的情況，否則容易導致官非或刑訟坐牢，不可不慎！

「偏財」是指較喜歡享受，如旅遊、美食、視聽娛樂、3C電玩等，都是紓壓的良方，不只是死守著金錢，做個守財奴；且賺錢管道不限於上班的薪資所得，還有股利、獎金、樂透、買賣不動產等，也會是普羅大眾的另種投資管道。

今年可往木火性質的行業方面做投資，如健康食品、化妝品、文創業、新創設計、植物園藝、藥物界、醫療業；火行行業如照明、光學、油類、酒類、食品界、機械加工品、化妝品產業皆可參考！

由於今年的驛馬星有三顆，也意味著今年出國、出遊、出差的機率增加，不會再像前兩年一樣，被迫固守原地，且國與國之間互動變多，可說是交流頻繁的一年！

《地母經》云癸卯年詩曰：

太歲癸卯年，高低半憂喜。
春夏雨雹多，秋來缺雨水。
燕趙好桑麻，吳地禾稻美。
人民多疾病，六畜瘴煙起。
桑葉枝上空，天蠶無可食。
蠶婦走忙忙，提籃泣淚悲。
雖得多綿絲，盡費人心力。

從《地母經》二〇二三癸卯年的預測來看，我們已和新冠病毒共存，也慢慢脫離了威脅，但仍要小心變種病毒的侵略。而在氣候方面，因地球暖化，氣候變遷的現象越來越嚴重，有的國家淹水、土石流，還有國家因缺水而造成乾旱，呈現兩極化的現象，而夏日缺電的情形也時有所聞，畜牧業則要小心口蹄疫或禽流感的發生。

整體而言，癸卯年雖然還是會有大國打壓的情形發生，且政府機關官員、乃至公司企業容易爲了自身利益互相競爭，甚至出現利益分贓的情況，但因爲人民大多勤奮友善，加上宗教或公益團體蓬勃發展，深入影響民心，整體而言，社會是朝善美的方向發展，務實生活才是我們歷經這二至三年磨難後的最大幸福。

二〇二三年，是反璞歸眞、心懷善念的感恩年代，當大衆皆能發揮內在良知，互信互愛，就能迎接美好未來，祝福大家過一個平安喜樂的吉兔年！

紫微四化分析

終於揮別壬寅年，在疫情的影響下，遠距工作與減少外出已成爲常態。許多人因爲疫情而失去工作，加上物價上漲、經濟變動而對未來感到不安。之前預言壬寅年七殺星重，代表整個社會從上到下，生活的壓力越來越大，若沒有加以排解，可能會導致易怒好鬥的性格產生，讓行爲流於偏激。因此，在人際相處上，務必要以和爲貴，關係才能細水長流。

當時序進入癸卯年，其四化分析分別是破軍化祿、巨門化權、太陰化科、貪狼化忌。

同時，天魁星進入流年，文藝氣息逆襲發威，異軍突起，創造文藝興盛的大時代，這股能量由藝術界和文化界領軍，將成爲癸卯年的第一道曙光，以強勢的產業鏈進軍日常生活，打開最大的商業戰場。

癸卯年的流年財宮有煞星進駐，使求財途中時常陷入瓶頸，但只要不畏艱難，奮力一搏，就能突破重重難關，贏得令人驚艷的成績，在困境中成爲新時代英雄！

癸卯年還有吉星進駐遷移宮位，使出國、遠行和出差的機遇大增，同時，移民、出國旅遊及遊學打工機會也將大幅提升，投資國外房地產、外幣交易的契機也會增高。

破軍化祿

破軍星的五行屬性爲陰水，化氣曰耗，就是耗損和變動，也代表著破舊立新、新舊交替。今年的含義是「突破現狀，再造新契機。」破軍蘊藏冒險精神，集樂觀主義、陽光開朗、熱情奉獻於一身，能以極速的能量，帶動迅速轉變，幫助開創新局面！

今年會有很多新的行業崛起，長江後浪推前浪，若不願虛心請教學習，只一味地倚老賣老，維持僵化觀念，就容易流於馬齒徒長，不利進步。

對一般大衆而言，只要勇於展現企圖心，付諸足夠努力與膽識、做事到位以及富有職人精神，在破軍化祿的加持下，可藉由網路平台改變人與人之間的階級關係，闖出屬於自己的一片天。

破的含義為破舊立新、改革和反叛，原先的關係遭到破壞，但都是內部早已有裂痕，遲早會面臨崩塌的局面，如同老舊的建築拆掉重建之後，重新賦予其新生命，價值反而會增加。今年就在一邊破壞、一邊建設之中，找到新的位置和新生活方向，為自己締造非凡價值。

在後疫情時代，破軍化祿鼓勵我們要跨界發展，跨越階級、領域展開異業合作，勇於嘗試新知，以大膽創新的理念，融合既有元素，創造出獨樹一格，讓人耳目一新且出奇制勝的絕佳構思，便能引領流行旋風，開創時代先驅。

吉星對各行各業皆有益處，尤其是疫情以來頻頻受挫的觀光業、金融業、運輸業等，更是大有助益。此外，富饒創意的行業與環保產業，因競爭性與話題度較高，將有可看的發展。

走到破軍化祿年，可好好享受解放、追求自我的感覺，藉由旅行、與人交談互動，決定好「想要展現什麼樣的自己給他人」。

巨門化權

巨門屬陰水，主陽光照射不到的角落的冰水。化權屬木，爲甲木。要成爲神木，必須能承擔嚴冬裡冰水的灌溉與寒風刺骨的吹襲，才能脫穎而出，漸成神木。

好的木材並不在順境中生長，凜冽寒風才能使樹木越發茁壯，如同逆境造英雄般，逆風高飛。也許受盡委屈的感情，在今年突然開花結果了；耕耘許久的案子終於被看見了，只要耐心等待，終將收穫甜美的果實。

太陰化科

今年有望遇到好買家、賣家與房仲，讓你得以找到心中理想的好房子。家是能量運勢的泉源，多陪伴和理解家人，參與家族活動，與親人和解、與自己的內在小孩和解、與世界和解。當和解的同時，運勢也順勢打開，在人生的各個困難點，都能找回自己力量的來源，在逆境中崛起，一飛衝天。

太陰化科注重生活品質與休閒享受，不僅可提升大眾對弱勢團體及慈善活動的關注度，對身心靈和宗教更有所追求。經過三年的疫情，今年開始啟動樂活模式，想過高品質的身心靈生活，就要努力學習養生，重視保養與運動，爲日常生活打好穩固基底。

貪狼化忌

貪狼爲慾望星曜，貪於青春美貌、貪愛、貪於權力名聲、貪於財色，盲目追求歡樂。當貪狼走到化忌位時，期待成傷害，希望變失望；容易因貪念而產生糾紛，諸如桃色與金錢糾紛，或謊言、離婚、分手、貪污、拆夥等問題，應克制己念，並謹言慎行，方能安然度過危機。

此外，也須留意空氣污染和居住品質的問題，並勤加關注水資源短缺、食品安全及山寨文化等議題，便能防患於未然，對食物中毒、腸胃型病毒肆起的亂象也可未雨綢繆。

> 邁向二〇二三年，綜觀四個星曜，走殺破狼運，將會是富有挑戰性的一年。但只要越過崎嶇顛簸，突破路上障礙，便能迎向新的里程碑，勇創新局！
>
> 正如老子的《道德經》有云：「禍兮福之所倚，福兮禍之所伏。」人世間很多事情都是福禍相倚、好壞參半。要以智慧去轉念，平心看待福禍相倚的關係。世事並不是非黑即白，壞事並未全然皆為壞消息；而好事也不盡然全為好消息。對於一時得失，不必過喜與過悲，了解萬事萬物都是因緣和合促成，就不會因為執著謀事、因不願接受改變而感到痛苦，一切更順心如意。

2023癸卯兔年，九宮飛星風水開運布局

九宮飛星是依照洛書順序所飛移，具有科學根據，是風水方位的依據與根本。由於九星每年會飛臨不同的宮位，牽動著吉凶禍福，因此只要依照各星的屬性做相應的風水布局，就能生旺吉星能量，化解凶星煞氣，讓運勢加分，打造家宅與個人好運！

2023 九宮飛星表

★廉貞（土）西北（金）	☆右弼（火）北（水）	□破軍（金）東北（土）
☆武曲（金）西（金）★歲破方	☆文昌（木）中（土）（中宮）	★巨門（土）東（木）★太歲方
☆貪狼（水）西南（土）	☆左輔（土）南（火）	★祿存（木）東南（木）

☆吉星　★凶星　□吉凶互現

九宮飛星運用的範圍很廣泛，可參照下列表格的開運重點，針對需要加強的運勢提前規劃，尤其今年東方及西北方更應加強布局，不論是家宅、店面或辦公場所，都應擺上適合的開運物品，才能趨吉避凶，開啟富貴好運。

貪狼星

星曜屬性：五行屬水
布局方位：西南方
開運重點：財運、事業運、職場人際

「貪狼星」的五行屬水，象徵權力和財富，與「武曲星」及「左輔星」並稱爲三大財星。此星爲開創型的吉星，有利於追求名利、得貴多助、交際應酬。若布置得宜，可幫助達成事業目標，提高職場威望，如願進財！

開運重點	星曜	二〇二三布局方位
招財富 旺事業 添運勢	貪狼星	西南
	武曲星	西方（歲破方）
	左輔星	南方
旺桃花 增人緣	右弼星	北方
	貪狼星	西南方
	文昌星	中宮
求功名 開智慧	文昌星	中宮
避煞氣	巨門星	東方（太歲方）
	祿存星	東南方
	廉貞星	西北方
吉凶互現（偏財運）	破軍星	東北方

開運五行能量：金行

此星在今年飛臨西南方，西南方的五行屬土，土剋水，恰好減弱貪狼吉星的能量。如想發揮吉星助力，可運用「金生水」的力量，放置金行的風水擺飾，打造金水相生的格局，並以金化解土水相剋的危機，催旺財氣，活絡各方財源好運。

巨門星

星曜屬性：五行屬土
布局方位：東方（太歲方）
開運重點：健康

巨門星掌管健康、疾病，也稱「病符星」。現代人生活忙碌、內心壓力大，容易罹患精神官能症，若再加上此凶星的影

貪狼星・開運寶物推薦

銅雕聚寶盆、銅雕貔貅、白水晶七星陣、金屬珠寶盒等。

巨門星・開運寶物推薦

黑曜石葫蘆擺飾、黑曜石雕成的神獸、青金石晶柱、黑色煙供爐等。

響，可能會使健康亮起紅燈。尤其是家中有體弱的長輩或孩童，或經常生病者，應避免將房間安排在東方。

開運五行能量：水行

巨門星的五行屬土，飛入能量屬木的東方，形成木剋土的風水格局，正好減弱此星的凶性。但同時今年的太歲方位在東方，仍不可掉以輕心，爲了避免催發巨門星的凶性，建議擺放水行能量的風水寶物，既能溫和地化解凶性，還能產生木行能量抑制凶威，但要避免擺放會流動之物品。

祿存星

星曜屬性：五行屬木
布局方位：東南方
開運重點：人際關係

祿存星主官司是非、口舌紛爭，容易使人產生情緒上的波動，出現突如其來的暴怒情緒，進而阻礙運勢發展。家中若有

祿存星・開運寶物推薦

粉晶七星陣、粉晶貔貅、彌勒佛神像、紅色葫蘆、紅瑪瑙材質的掛飾等。

正值叛逆期的青少年或脾氣暴躁者，都可能受到此凶星的影響，應謹慎布局，並避免睡在此星飛臨的東南方。

開運五行能量：火行

此星在今年飛臨同爲木行的東南方，在木木相扶的的能量加乘下，會助長凶星的破壞力。在風水布局上，不宜擺放金行擺飾直接剋制，無法有效消弭煞氣，最好的方式是運用火行的風水寶物，以利化解凶性。

文昌星

星曜屬性：五行屬木
布局方位：中宮
開運重點：智慧、功名、人際桃花

文昌星主管智慧和功名利祿，有利於創作、求學以及升遷，對於一般考生、上班族、文字工作者是極爲重要的吉星。此處的風水若布置得宜，則可暢旺仕途與考運，有助金榜題名，事業順利，在功名事業上無往不利。

文昌星・開運寶物推薦

文昌塔、君子蘭、樹木掛畫、木雕神獸、東菱玉擺飾等。

開運五行能量：木行

五行屬木的文昌星，今年飛入屬土的中宮，形成「木剋土」的格局，使吉星的力量受到限制。若想要生旺吉星的能量，可多運用木行風水擺飾加強文昌星的效力，建議可在此擺放君子蘭，有助兼顧功名及財運。

廉貞星

星曜屬性：五行屬土
布局方位：西北方
開運重點：安康、制煞

廉貞星爲最凶之星，象徵疾病纏身、紛爭不斷、破財損傷、運勢受阻，因此，如何抑制這顆凶星，爲每年九宮飛星的風水布局關鍵！此處宜靜不宜動，過多的變動容易招致災禍，此外，老弱婦孺也應避免在此方居住。

廉貞星・開運寶物推薦

銅雕龍龜、白水晶洞、金色佛像、金葫蘆擺飾、成對的金麒麟擺鎮等。

開運五行能量：金行

五行屬土的廉貞星，今年飛臨西北方，此方位的五行屬金，可洩剋廉貞星的凶戾之氣，但此星的凶性強勁，仍需留意西北方的布局。建議選擇穩固、厚重的金行風水寶物，增強方位的金行能量，亦可擺放刻有吉祥經咒的擺飾，有助克制此星的凶性。

武曲星

星曜屬性：五行屬金

布局方位：西方

開運重點：事業運、正財運

「武曲星」為財星，主管事業和進財，對變動工作者有利，能使人積極進取，增添進財動力，創造更多的財富，利於軍警、外勤單位、武術體育及技職人員。此方位若髒亂不潔，就難以聚財，應妥善布局，才有助升遷和加薪。

武曲星‧開運寶物推薦

黃玉聚寶盆、黃玉元寶、黃水晶擺飾、生肖石塑、岩雕掛飾、陶瓷擺鎮等。

開運五行能量：土行

今年武曲星飛入同屬金行的西方，金金同屬性，有助催旺吉星，不過因今年的歲破方在西方，讓吉星能量大打折扣。此方位宜靜不宜動，擺設流動性物品易催發煞氣，建議擺放土行的風水寶物，以強化宮位的威力，增進財富運勢。

破軍星

星曜屬性：五行屬金
布局方位：東北方
開運重點：偏財運

「破軍星」掌管偏財運，是一顆特別的偏財星，具有吉凶互現的性質，一方面利於投資、娛樂、博弈及偏門行業；另一方面，也容易招來官非、口舌紛爭，導致破財損失，因此要小心布局，才能發揮偏財能量，快速進財。

破軍星・開運寶物推薦

魚缸、流水盆、聚寶甕、紫晶洞、山水掛畫、黑曜石貔貅擺飾等。

開運五行能量：水行

東北方的五行屬土，土生金，有助加強破軍星的聚財能量，但破軍星是一顆兼具吉凶的星曜，必須提防它的破壞威力，才能不受其凶性影響。建議運用水行的風水寶物來洩金，持盈保泰，才能化解凶性，提升偏財好運。

左輔星

星曜屬性：五行屬土
布局方位：南方
開運重點：事業運、正財運

「左輔星」主管升官、加薪、買房、添丁等喜事，為九星中的第一大吉星，有助暢旺事業和財運。各行各業的朋友若想升官發財、提升收入，妥善布局此吉星飛臨的方位，有助匯聚財富、飛黃騰達！

左輔星・開運寶物推薦

鹽燈、牡丹畫作、粉晶聚寶盆、粉晶或紅瑪瑙雕成的貔貅等。

開運五行能量：火行

左輔星飛臨屬火的南方，火生土，方位能量強化吉星的力量，若是在此方位好好布局，更能帶動財氣，幫助快速聚攏財祿。建議擺放火行的風水擺飾，能強化左輔星的效力，使財運興旺、事業蓬勃發展。

右弼星

星曜屬性：五行屬火

布局方位：北方

開運重點：感情、婚嫁、求子、人緣

「右弼星」掌管喜慶婚嫁之事，對於人際關係也頗有助益，是顆喜慶吉星。若想要招桃花、求姻緣，甚至引貴、求子，皆可運用此吉星的助力，讓生活充滿更多喜悅，諸事圓滿順遂。

右弼星・開運寶物推薦

開運竹、綠水晶柱、
青山綠水的畫作、
玉石製成的開運樹等。

開運五行能量：木行

右弼星的五行屬火，今年不巧飛臨北方，方位的水行能量洩剋吉星能量，使右弼星難以發揮作用。若想化解此情況，最好擺放木行能量的風水寶物，既能生火，強化吉星能量，又能化解水剋火的局面。

PART 2

2023

十二生肖流年、流月運勢大解析

2023 喜兔年

十二生肖流年總運
—年度排行榜與化煞小提點

十二生肖總運排行榜

兔年好運到！生肖猴朋友名列第一，仕途步步高升！

各位親愛的朋友們，一年很快地又過去了，歷經幾波疫情的衝擊，大家都辛苦了！告別了壬寅虎年，即將迎來癸卯兔年，生肖運勢排名也再度大洗牌，今年會是哪些生肖朋友脫穎而出，前途似錦呢？還有哪些生肖朋友逢流年不利，運程低迷，又該如何趨吉避凶呢？我將逐一爲大家揭曉！

首先，前三名的生肖分別是屬「猴」、「羊」、「豬」的朋友們，猴朋友歷經歲破之年的磨練後，撥雲見日，在「紫微」與「龍德」等大吉星的眷顧下，運勢突飛猛進，一飛衝天。接著恭喜屬「羊」及屬「豬」的朋友們，運勢持續飆升，可喜可賀！

未上榜的生肖朋友，以及排名較後面的朋友們也別灰心，雖然凶星帶來的破壞力不小，但仍可設法將衝擊降低。危機與機遇是並存的，只要參照我的提點去做，就能搶占先機，做出正確判斷，進而扭轉局勢，順利度過難關。

最後，感謝大家閱讀至此，我寫了二十多年的大預言，今年特別做了一些調整，呈現的風格也有所不同，希望能夠帶給大家耳目一新的感受，當然最重要的是書中的內容，願這些命理知識提點能幫助到大家，祝福您擁有美好的一年，福祿雙全，鴻圖大展！

雨揚老師開運小叮嚀

生肖兔、雞、鼠、馬：安奉太歲，點燈祈福

一甲子是六十年，每一年皆有一位太歲星君輪值，掌管人間的吉凶禍福，因此共有六十位太歲星君。二〇二三癸卯年將由皮時大將軍當值，若個人生肖與值年太歲相沖犯者，需於年初之際安奉太歲，以祈求身體安康、行事順利。

癸卯兔年沖犯太歲的生肖分別爲：「兔」坐犯太歲、「雞」正沖太歲、「鼠」與「馬」偏沖太歲。以上四個生肖，流年運程易有波折，尤其是正沖太歲的雞朋友受影響最大，應於農曆正月十五日前，擇吉日至廟宇安奉太歲，祈求平安順利，萬事順心，也別忘了隨身攜帶太歲符，並多點燈、布施、行善助人，有助化解災難，轉危爲安。

年末時，記得於農曆十二月廿四日早上酬謝神明，感謝太歲星君一年來的庇佑和照顧，祝福大家都能安然度過太歲年！

※忙碌的朋友們，可以選擇近年盛行的線上安太歲、點燈服務，只要誠心祈請，效果與實體廟宇相同。

第11名 鼠

沉穩行事年

吉星：太陰、紅鸞／凶星：羊刃、卒暴、三刑、貫索、勾神、天厄

雖有「太陰」吉星入駐，但同時也有多顆凶星入宮，對於鼠朋友而言，必須保持積極的態度，不能一味地等待貴人相助；在面對各方合作時，須再三審視條件，在待人接物上更要謹慎小心，畢竟貴人與小人就在一線之間，一時衝動口不擇言，將會導致極端的後果，甚至潛藏官司訴訟的危機。

事業好運指數★★

今年來自外部的壓力會比往年更大，主要源於客戶端的各種訊息會干擾你的判斷，因此在合作、合夥的決斷上都要仔細明辨，否則容易產生爭議。即便面臨進退兩難的狀況，也要記得沉著以對，更重要的是必須積極找尋突破現狀的出口，唯有主動出擊才能化解危機。人際交際上須謹言慎行，小心因一時不察而讓貴人變成小人。

財運好運指數★

財運每況愈下，除了固定的支出外，也有許多突如其來的鉅額開銷需要支付，在花費暴增的情況下，鼠朋友必須再三克制衝動消費的行爲，尤其在投資方面須保守再保守，因爲多方的資訊可能會讓你誤判局勢，導致投資失利而虧損，即便是過去熟悉的投資標的，也都要好好審視其走向與資訊，再決定是否投入資金，以免造成金錢損失。

愛情好運指數★★★★

「紅鸞星」高照的兔年，象徵桃花朵朵開，是幸福美滿的一年！單身的鼠朋友有機會覓得好姻緣，對方無論在價值觀或者興趣方面都與你十分契合，也因此有閃婚的機會；而有伴的鼠朋友，感情能維持一貫的甜蜜，在面對人生重大的決策時，伴侶也能成爲你的心靈支柱，不論是實務層面的建議，或是精神上的陪伴，對方總能給予你最好的支持。

功名好運指數★

受到凶星影響，鼠朋友雖然想一展長才，但礙於周邊有許多的競爭者，讓心思敏感的你，在關鍵時刻容易受到他人影響，而使表現失常，也因爲得失心太重，以致於久久無法恢復到最佳狀態。即便今年在職場或學業上無法有所建樹，但只要好好地汲取經驗，趁機累積實力，在未來這些經驗將會化作你前行的指標，讓你更具競爭力。

健康好運指數★★

健康方面要多加留意，今年鼠朋友容易發生血光之災，小至紙張割破手指的意外，大到身體出狀況，需要動手術的醫療行爲等，都有可能發生。經常使用機車、汽車等代步工具的朋友，駕車時務必放慢速度，時刻保持專心謹慎的態度，就能大幅降低發生意外的可能性。平時可透過幫助身心舒緩的擴香，以及靜心冥想，幫助放鬆緊繃的精神。

化煞小提點

「貫索星」來犯，使得做事容易有被束縛的感覺，不利於大展身手，一旦行事受到牽制，內心情緒就會起伏不定，思想流於悲觀。建議多念誦六字大明咒，穩定思緒，或是聆聽輕音樂，幫助釋放壓力。此外，也可佩戴紫水晶飾品，或在家裡及辦公室擺放紫晶洞，有助增強處事智慧，並廣迎貴人，招來更多好運。

第9名

牛

低調沉潛年

吉星：無／凶星：披頭、災煞、喪門、地喪、囚獄

充滿自信的一年過去後，牛朋友將會面臨一些挑戰。在面對事業上的不順遂，或者感情上的問題時，必須適度地調整心情，隨時提醒自己切勿過度沉浸在低迷的情緒中。即便今年在各方面都有著難以突破現況的窒礙感受，但只要沉澱心思，持續充實自我，就能夠安然度過不順遂的時光。

事業好運指數★★★

在工作上表現一向穩健的牛朋友，今年將會感到明顯的阻滯感，或許在行銷方面無法有創新的點子，也可能是專案發展不如預期、產品進度延宕等問題。無論如何，只要保持充足的耐心和積極的態度，一切都會逐漸朝著好的方向發展。此外，牛朋友也要留心與主管的互動，應就事論事，不要讓情緒影響溝通，才能讓事業發展更加順暢。

財運好運指數★★

財運表現略差，主要在於無法避免的支出增多，像是醫療費用、大型家電的損壞等，也因此動用到部分投資資金或備用金。此外，預期的獎金或投資收益將有所減少，導致入不敷出的情形頻繁發生，雖然無法迴避這些情況，但也不需太過糾結，只要維持儲蓄習慣，適當調整資產配置，如此一來，便可從容應對各種突發的財務狀況。

愛情好運指數 ★★★

在整體運勢較不順的今年，牛朋友可以從身邊的伴侶獲得情感支持與陪伴，需要抒發心情時，大方、安心地找對方傾訴吧！另一半就是你最重要的支柱與避風港，也別忘記要以感恩的心相待，就能讓雙方迅速增進彼此的感情，並累積滿滿的信任感。單身的牛朋友，也有機會在今年遇到能進行深度心靈交流的對象，要好好把握緣分。

功名好運指數 ★★

期待能在事業上一蹴而就、名利雙收的牛朋友，今年恐較難如願，雖然你已付出諸多努力，但職場的局勢瞬息萬變，想力爭上游的同事更是虎視眈眈，牛朋友升遷的機會也相對較不容易。不過也別灰心，趁著沉潛之際，養精蓄銳，多進修、學習技能，增強自己的軟實力，並與同事、主管維持良好的關係，他們將會是你未來晉升的人脈資源。

健康好運指數★★

受到凶星影響，牛朋友要多加留意自身的身體狀況。在外出遊時，盡量遠離水邊或坡地，避免可能造成的危害；此外，在人群密集的市區，或參與室內活動時，也要確實做到相對應的防疫措施，避免傳染性疾病入侵。即使偶爾會有病痛的產生，但只要積極調養，用心對待自己的身體，並時時保持謹慎小心，就可以減輕傷害，平安度過一整年。

化煞小提點

「喪門星」主災禍與晦氣，易有傷病，行事務必要小心謹慎。此外，應多注意長輩的身體健康，盡量避免出入負面磁場過多的場所，例如喪家、醫院等，以免沾染晦氣。建議平時可用煙供爐點燃環香，煙供除了可消業障，回向給冤親債主外，還可使身心清明，亦可去穢除障，累積福德資糧、消災增福。

第5名

虎

大展鴻圖年

吉星：太陽／凶星：天空、咸池、年煞

由於太陽星照耀著虎朋友，在事業上將會有亮眼的成績，記得好好把握。無論是爭取升遷或自行創業，一定要拿出豐沛的積極能量，就能擁有好表現！如果預計參加重要考試，舉凡公職、升等或學位晉級等，也能收穫好成績，但別忘了要保持良好的生活習慣，以健康的身心狀態，迎接成功的到來！

事業好運指數★★★★

虎朋友期待的工作好運來了！過去累積的經驗將派上用場，讓你的職場能見度大幅提升，不只深受主管器重，更是同事們信賴的對象，有望成爲職場上的大紅人喔！準備創業的虎朋友，可加緊腳步，讓想法和商品問世，將會吸引到衆多投資人的目光。此外，若能與不同領域的夥伴一起奮鬥，工作達標或創業的成功率也會大幅提升。

財運好運指數★★★

在「太陽」吉星的加持下，有利於事業發展，虎朋友可透過事業累積財富，不過須注意，虎朋友雖然有賺錢的能力，但由於交際應酬增多，導致支出的比率也逐漸攀升，建議好好控管收支，減少非必要的開銷，因爲懂得儲蓄就是最佳的理財方式。此外，也可嘗試穩定型的投資，避免投機型理財，就能穩穩守住財富，有益財庫進帳喔！

愛情好運指數 ★★★

虎朋友擁有極佳的異性緣，加上個性善良、溫暖體貼，因此會出現許多不錯的對象。不過，單身的虎朋友需要小心「咸池星」的阻礙，在挑選對象時，應仔細審視，對心儀對象深度了解過後，再決定是否繼續交往，以免錯付感情；有伴的虎朋友，容易因忙於工作而疏於經營感情，忽略伴侶的感受，建議多安排小旅行，藉此拉近彼此的距離。

功名好運指數 ★★★★

因「太陽」吉星照臨，讓虎朋友無論是爭取升遷或是參加考試，都能達到滿意的成果。過去考試失利的虎朋友，今年不妨鼓起勇氣，再努力一次，或許會有意想不到的收穫喔！初入社會的新鮮人，可準備對求職有益的證照考試，藉以增添職場競爭力。想要轉換跑道或挑戰高階職位的虎朋友，不論向外尋求機會或是內部晉升，都能在候選之列。

健康好運指數 ★★★

虎朋友只要克服惰性，保持運動習慣，並維持正常作息，就能爲自己打造一個健康好運年。雖然偶爾會有心情苦悶，進而影響生理狀態的時候，此時須多加留心身體狀況，否則便容易生病。建議虎朋友，可適時放鬆疲憊的身心，例如在休假日出外遊玩、親近大自然，到山上或海邊走走，就能將煩惱一掃而空，常保身心安泰，歡欣愉悅。

化煞小提點

「天空星」除了可化解凶星的煞氣，也會減弱吉星的助力。受到天空星的影響，雖然有想法，但容易流於理想化，空有雄心壯志卻不夠有實踐力，做事容易虎頭蛇尾。建議在家裡或辦公室掛一幅《心經》，或是隨身攜帶一本《心經》，時常念誦，藉由經文殊勝且廣博的力量，穩定自己的心性，常保清明安定。

調養健康年

吉星：金匱、將星／凶星：太歲、天哭、劍鋒、伏尸

今年是兔朋友的本命太歲年，整體變動較大，不論是生活、事業或感情，都將出現多變的局面，令你疲於應付，不過只要冷靜面對，就能安穩度過。在吉星「將星」高照下，將使周身縈繞正能量，加上財星「金匱」前來相助，對求財大有助益。只要凡事謹慎面對，在太歲年仍能保持平順安泰。

事業好運指數★★★

任職主管的兔朋友，雖然遭遇許多困難，仍可靠著不錯的領導能力，帶領團隊順利度過危機，在統籌規劃或做決策時，須有高度的臨場反應，才能夠做出對團隊有益的判斷，讓你手中的每項專案都能順利結案。至於擔任職員的兔朋友，有機會在會議討論時，提出別出心裁的創意想法，向眾人展現你的能力，主管也能因此看見你的優點，進而獲得表現機會。

財運好運指數★★★

財運有吉星「金匱」入駐，讓兔朋友有進財的機會，可循序漸進，積累財富，但仍須注意犯太歲的影響，導致財運不穩，容易出現財來財去、留不住財的惡性循環，應合理分配支出，避免不必要的花費開銷，以免入不敷出，讓荷包逐漸被掏空喔！建議把重心放在事業上，努力賺取正財，就能豐沛財庫，穩定累積財富！

愛情好運指數★★

兔朋友的感情運較為不順，因正值太歲年，單身的兔朋友，容易遇到不適合的桃花，務必勤加注意，仔細審視新認識的對象，拉長觀察期，免得識人不清，錯付感情；有伴的兔朋友，在跟伴侶相處時，容易出現鑽牛角尖、悲觀以對的情況，建議多向長輩及親友討教經營感情之道，以正向思考的方式處理感情，才能使戀情長存，永保甜蜜。

功名好運指數★★

凶星眾多，運勢受阻，挑戰也跟著增多，導致今年的考運不盡理想，表現時好時壞，對於要考取功名的兔朋友而言不甚容易，必須做好面臨挑戰的心理準備。平時要付出比他人更多的努力，用心鑽研不熟悉的部分，並做好讀書計畫，認眞實踐；應試或報告時須以平常心看待，且細心應對，再三複查答案，避免粗心，就能穩健通過測驗。

健康好運指數★

由於「劍鋒」凶星來犯，導致兔朋友的健康運欠佳，身體亮起了紅燈。工作繁忙的兔朋友，應留心壓力所造成的身體警訊，可適度放鬆身心，別把自己逼太緊，不然健康運可是會因此下滑喔！建議多親近大自然、做瑜珈或運動，適當緩解壓力。另外，還須慎防意外或疾病纏身，透過捐血、安太歲等，能減緩煞星的影響，以利提升健康運。

化煞小提點

今年適逢「太歲星」進駐，在各方面都容易遇到阻礙，諸事不順，大起大落，心情難免受影響。只要適時轉念，以積極、樂觀且正向的態度面對，就有機會轉危為安，打出精彩的逆轉勝！為求行事平順、心情穩定，可在農曆新年時，到廟宇祈求神明保佑，並將太歲符隨身攜帶，以求平安健康、諸事圓滿順遂。

第6名

龍

穩中求勝年

吉星：陌越／凶星：六害、病符

在吉星「陌越」相助下，龍朋友的運勢跟去年相比大幅提升。感情方面，單身者可培養自己的興趣，就有望遇見一個與你志同道合的對象；有伴者可安排雙方家庭聚會，爲彼此的關係打下穩固的基礎。不過，由於龍朋友忙於事業，導致健康運頻頻亮起紅燈，建議維持良好的作息，才能重拾健康光采。

事業好運指數★★★★

事業鴻圖大展，在職的龍朋友，將有許多分外的工作落到你身上，令你有些措手不及，但只要臨危不亂、合理地分配工作時間，並發揮自身的專業能力，就能化考驗爲機會，在職涯發展上有新的突破；欲開展副業的龍朋友，可憑藉創意性十足的廣告，成功提高品牌的曝光度，讓龍朋友的客源、訂單都源源不絕，勇創事業巔峰！

財運好運指數★★★

財運持平，但因求財阻礙較少，讓龍朋友多了不少開拓財源的機會，可勤跑業務、開闢新客源，並多與舊客戶往來，如此一來，便能爲自己增添多筆進帳，讓收入倍增喔！此外，龍朋友爲了維繫和客戶間的感情，可能會有頻繁的互動交流，例如聚餐或送禮等，讓開銷逐漸增多，建議龍朋友斟酌個人財力狀況，量入爲出，以免荷包見底。

愛情好運指數★★★★

龍朋友得愛神眷顧，感情生活沐浴在幸福的氛圍中。單身的龍朋友，可在共同朋友的協助下，成功邀約心儀對象出遊，可挑選適當時機傾訴心意，搭配精緻小禮或手寫卡片，就有望開展甜蜜愛戀；有伴的龍朋友，可規劃專屬兩人的小旅行，不僅能增添彼此間的浪漫回憶，也能讓輕鬆愉悅的氛圍常伴左右，使戀情幸福長久。

功名好運指數★★★

龍朋友的功名運稍弱，拿手的科目可能會因過於自信而疏於檢查，導致考試結果不如預期；不擅長的科目則建議擬定加強計畫，在釐清基本觀念後，多做試題來讓自己更加熟悉，持之以恆就能看到成效。此外，龍朋友也適合與好友組成讀書會，在同儕的激勵下，能使你的學習力與作答技巧有顯著的提升，在考場便可發揮實力，得到優異的表現！

健康好運指數★★

恰逢「病符」凶星作怪，導致龍朋友健康運勢欠佳，因龍朋友長期為工作奔波勞累，壓力也隨之而來，身心疲憊之餘，總愛以美食、手搖飲料來慰藉受創的心靈，但透過食用高油、高熱量的餐點來紓解壓力，並非健康之道。建議龍朋友，平時可多步行，以爬樓梯代替搭電梯，並保持良好的飲食與運動習慣，就能在無形中替自己儲蓄強健的體能，打好健康根基，再現青春活力！

化煞小提點

「病符星」是影響健康運勢的凶星，會招致傷痛與疾病，應多加留意身體健康與血光之災。平時須注意睡眠與飲食，睡滿八小時，多吃原型食物，並勤於運動，才能確保身心健康。同時要注意個人衛生，隨身攜帶酒精，或常以肥皂清潔雙手，亦可用平安皂或艾草皂清潔身體，去除負能量，改善好磁場，護佑身心安泰。

第7名 蛇

自我成長年

吉星：八座／凶星：弔客、天狗、天殺、吞陷、急腳殺

蛇朋友各方面運勢都不算太差，只要在工作、學業上多加用心，仍能獲得大幅成長的空間。行事之餘，勤加注重細節，成果便會如你所願。此外，做好財務管理是今年的重要課題，無論是上班族或家庭主婦，切勿太過信賴他人，否則可能被人利用，或是發生客戶倒帳的情況，宜謹慎考量，才能避免危機發生。

事業好運指數 ★★★

受到「八座」吉星扶持，在工作上能有所貢獻，順利幫公司促成多筆生意，也慢慢奠定自己的地位，雖然要開始承擔更多的責任，甚至可能被派去處理燙手山芋，但經過磨練與鞭策，就會快速成長，甚至被升上更高的位階。但也要提醒蛇朋友，在工作上遇到涉及個資、金錢事宜時，宜小心謹慎，約法三章，有助保障自己，避免日後產生爭議。

財運好運指數 ★★★

財運不穩，容易大起大落，應好好審視手中的資產，重新調整投資組合，並以保守型投資爲主，切勿冒險投機，才能守住錢財喔！不妨找個時間設定儲蓄目標，透過手機或筆記本定期記帳，便可掌握財務狀況，才能逐步壯大資產。除了投資理財外，身邊還須預留緊急備用金，當臨時有意外支出時，才不至於手忙腳亂。

愛情好運指數 ★★★

愛情方面較爲被動，雖能透過工作結識許多條件優質的對象，但蛇朋友防備心較重，容易懷疑他人釋出的好感，久而久之，和旁人都僅止於淺層的朋友關係。建議蛇朋友不必想太多，順著自己的心意跟對方交流，如果彼此合適，自然會有更進一步的發展。夫妻之間也是如此，需要不斷磨合，相互包容並改進，才有助維持長久關係。

功名好運指數 ★★

功名運欠佳，在準備升學、求職的過程中，經常遇到阻礙，讓你感到挫折不已，心態上也從積極主動，逐漸轉變成得過且過，讓原先亮眼的表現明顯退步。若是遲遲未改善，可能落得徒勞無功、白費苦心的結果。但只要將失敗轉化爲成功的養分，不害怕挫敗，努力精進自我，必能收穫好成果。

健康好運指數 ★★★

健康方面須多加留意，使身體無大礙，也要細心照顧自己，將健康放在第一順位，尤其是剛開完刀或體質較弱者，應透過食補療養，將缺失的營養和體力補回來，才能時刻保持最佳狀態。此外，有時工作太過忙碌，容易有注意力不集中的問題，若此時需要使用大型機具，最好請專人操作，如果必須親自處理，切記小心為上，以免發生意外。

化煞小提點

「天狗」凶星來作亂，易有血光之災或破財危機，務必要提高警覺，以免受傷或漏財。行事宜謹慎，切勿衝動或逞強，才能順利避開災厄。建議在家中或辦公室懸掛五帝錢，既可擋煞又可招財，能有效化解煞氣，吸納負能量，轉換磁場。此外，騎車或開車的朋友也可在車上放平安符，常保出入順利、行車平安。

第8名

穩健應對年

吉星：福德、天德、福星、天喜／凶星：咸池、年殺、卷舌、披麻

喜獲吉星加持，替馬朋友增添許多助力，使事業進展順利，即便遇到困難，也能在關鍵時刻化險爲夷。感情方面有望覓得良緣，收穫甜美戀情。此外，還須留意職場上的應對進退，應保持謙和有禮的態度，並謹言慎行，如此一來便能減少誤會和爭吵，就可讓馬朋友和氣生財，增加好運喔！

事業好運指數 ★★★

今年的事業運大致順利，好運氣總是站在馬朋友的身旁，讓馬朋友每每遭逢危機，都能碰上貴人的鼎力相助，使你得以從原本的困境中，找到解決問題的好方法。若有延宕或受阻的工作項目，將有望乘著強勢好運，一舉推行成功，闖出屬於自己的一片天。此外，還須注意個人言行舉止，以免落人口實，對事業前途造成影響。

財運好運指數 ★★★

財運時好時壞，雖然有穩定的收入，但可能會面臨醫療相關的額外開銷，像是替家人做全身健康檢查、治療舊疾或是購買醫療保險所產生的花費，使得支出大大增加，導致馬朋友存下來的錢財寥寥可數。不過，馬朋友也可以透過多涉獵理財新知，就能看準時機，進軍金融市場，穩穩地爲自己增添多筆額外收益，擁有穩定的多元財脈喔！

愛情好運指數★★★★

愛情運勢看漲，桃花能量滿盈！單身的馬朋友人緣暢旺，魅力四射，身邊總圍繞著滿滿的好桃花，不僅能從中能覓得好對象，且心儀對象也對你頗有好感，可把握絕佳機會，在適當的時間點主動出擊，就可以順利擄獲對方的心囉！有伴的馬朋友，可多邀約伴侶一同出門野餐、賞景，爲彼此注入溫馨甜蜜的能量，能使感情更加地和睦融洽！

功名好運指數★★

功名運欠佳，馬朋友的學習能力與理解力極強，但讀書時經常忽略大方向，反而對小細節鑽牛角尖、本末倒置，以至於考試結果時常不盡人意，令你灰心喪志。建議馬朋友，可針對各章節的重點與大方向著手學習，並透過勤做考古題來累積實力以及訓練作答速度，如此一來，就能將觀念和題目融會貫通，交出亮眼的成績單囉！

健康好運指數 ★★

健康運有待加強，因工作需求而長期在外奔波的馬朋友，容易選擇單一、簡便的飲食作爲主餐，忽略了營養均衡的重要性，長久下來，可是容易讓健康狀態大打折扣的！建議馬朋友，不妨改變飲食習慣，多攝取營養價值較高的食物，或是自備便當，別讓緊湊的工作步調影響飲食品質，否則健康好運也會在無形中逐漸流失囉！

“

化煞小提點

「卷舌星」來犯，主有小人是非、口舌紛爭、官非之事，須謹言慎行，以免落人口實或遭人誣陷。遇事宜多包容，避免衝動行事，才能化解煞氣，保護自己。建議佩戴粉水晶或草莓晶飾品，幫助改善人際關係、促進好人緣，就能將小人化為貴人，並強化自身的正能量，吸引各方貴人良緣，並且讓好運豐盛滿盈喔！

”

順風順水年

吉星：金匱、將星、天解、解神／凶星：飛廉、大殺、白虎、浮沉、血刃

得「金匱」與「將星」兩大吉星共同守護，使羊朋友的決斷力與領導力更爲卓越，傑出的才能及亮眼的績效，讓你一夕之間躍升爲職場的明日新星，在事業上可謂順風順水，名利雙收。而羊朋友優秀的工作表現，也將帶動財運同步上漲，讓你強旺的事業運兼帶財源，輕鬆坐擁事業財富。

事業好運指數★★★★★

羊朋友今年不必再悶了，一掃過去事業理想有志難伸的陰霾，準備好在職場上大放異彩吧！擔任主管階層的羊朋友，可發揮超常的決策與領導能力，帶領專業團隊過關斬將，取得前所未有的好成果！而身爲職員的羊朋友，也能構思出符合市場潮流、具競爭力的提案，只要大方展現才能，便能得到衆人的青睞，並受到十足的肯定與讚揚喔！

財運好運指數★★★★

羊朋友得財星「金匱」加持，財運依舊勢不可擋！財源主要來自工作上的優異表現，創下高額業績，讓羊朋友不只加薪，獎金也很豐厚！自行創業的羊朋友，可將過去沒有資源執行的專案或產品重啟，有望讓今年的收入達到近年來的最高點，並創下新的榮景！此外，有意買房的羊朋友也可在專業房仲的協助下，買到理想中的房產。

愛情好運指數 ★★★

今年的羊朋友，時刻充滿著桃花能量，幸福溢於言表。單身的羊朋友，可精心安排一場羅曼蒂克的約會，透過不經意的肢體接觸，將會大幅拉進與心儀對象間的距離，讓彼此的感情逐漸增溫；有伴的羊朋友，和伴侶歷經風風雨雨後，懂得互相包容體諒，長時間的相處使彼此心靈更加契合，也讓雙方感情逐漸昇華爲更加穩固、如同家人般的情誼。

功名好運指數 ★★★★

吉星入宮，使羊朋友的功名運勢更上層樓！欲考證照的羊朋友，只要在應試前做好準備，細心作答，有望高分考取證照，替自己的專業能力加分喔！準備國家考試的羊朋友，可把握重點科目與考試方向，勤做考古題，將錯誤的部分加以修正，就能取得優秀成績！此外，在職的羊朋友，也可挑選適合自己的進修課程，亦可增添職場競爭力。

健康好運指數★★★★

健康吉星入駐，讓羊朋友的健康運勢頗爲興旺。羊朋友有著極高的自我管理意識、絕佳的睡眠品質，以及懂得攝取不同食物中的營養素，同時也不忘保持規律的運動習慣，所以任何時候都充滿活力，飽含青春朝氣，健康滿分！建議羊朋友，每日睡前半小時，可聆聽輕音樂舒緩身心，就能擁有更強健的免疫力，阻絕疾病找上門喔！

化煞小提點

今年逢「白虎星」入駐，導致遇上刑傷、破財及血光等意外災害的機率增加了不少，除了應避免從事高危險性的活動和娛樂外，更可在家中擺放九宮八卦，有助消災解厄，阻擋一切外邪，並將災禍轉換為源源不絕的福報，庇佑闔家安康，家運暢旺。此外，也可至廟裡參拜，就能將違緣障礙化為善緣助力，護佑全年安穩平順。

第1名

猴

春風得意年

吉星：紫微、龍德、玉堂、地解／凶星：天殺、六害、闌干、暴敗、天厄

猴朋友得兩大頭號吉星「紫微」與「龍德」相助，無論是事業上的加官晉爵或是增富添財，都會有令你滿意的結果。尤其還有許多年長貴人的出現，在各方面都能給予猴朋友極強的助力！此外，今年的感情運春風得意，單身者能收穫甜蜜戀情，有伴者也可與伴侶穩定發展，整體運勢頗令人稱羨！

事業好運指數★★★★★

猴朋友鴻運當頭，事業表現亮眼、可圈可點，因有貴人指點，使你做事如虎添翼，尤其是你主導的專案，甚至能收穫豐碩成果！如果能善用主管或長輩的人脈及資源，經營職場好人緣，就能擁有更多的發言與決策權，讓升遷機率大增，獲得卓越成就，邁向事業巔峰！只要做好準備，把握住機會，就能爲事業再添幾筆輝煌紀錄喔！

財運好運指數★★★★★

猴朋友被衆多財星圍繞，正財收入讓你荷包滿滿，建議想嘗試投資的猴朋友，可多鑽研理財的知識，並尋求專業人士的見解，從此刻著手布局，以小額資金試水溫，將讓你以錢滾錢，坐收豐沛財源，增添一筆可觀的收益。如果是資產不多的社會新鮮人，或是過去不曾接觸理財的猴朋友，也適合在今年學習如何適當地分配和運用財富。

愛情好運指數★★★★

桃花映喜的今年，猴朋友的感情將往下一個階段邁進。單身的猴朋友可透過參加社交活動或是培訓課程而認識新朋友，只要敞開心胸，與新朋友多溝通、交流，就有機會發展爲愛侶；已經有結婚打算的猴朋友，不僅能求婚成功，也能有場甜蜜浪漫的婚禮。已婚的猴朋友更有機會喜獲麟兒，替家族添丁，升格當爸媽，讓你雙喜臨門，幸福長久！

功名好運指數★★★★★

功名好運來敲門！只要猴朋友決定好學習或考試的目標，並認眞努力執行，就會收穫卓越佳績。有疑問時也能虛心向老師、同學或學長姊請教，他們都會不吝於分享。態度保持積極、正向，勤於學習，將會使成績大幅進步。而你的學習力與理解力也會在這一年有所增長，只要把握這段時機投入在學業中，就能達到事半功倍的效果。

健康好運指數 ★★★

猴朋友的健康運勢良好，身心安泰。只要善待自己，適度地運動、多吃原型食物，就能維持良好的健康狀態。不過，要注意工作或生活上的壓力會對自己產生負面影響，讓猴朋友心煩氣躁，甚至容易導致身體不適，例如頭痛、焦慮以及失眠等。建議多做有氧運動或瑜珈，藉由運動來平衡身心壓力，這樣就可以遠離病痛、常保康健囉！

化煞小提點

今年雖逢「紫微」、「龍德」兩大吉星高照，但碰上「暴敗星」來犯，帶來許多令人措手不及的災難，有時甚至容易喜反成凶。建議謹慎面對，切勿驕矜自滿，以免好運在無形中流失。可隨身攜帶護身小卡，或是十相自在貼紙，有益於化解災厄，淨除阻礙，庇佑身心安泰，廣迎各方吉祥福運。

第12名 雞

養精蓄銳年

吉星：月空／凶星：大耗、闌干、破碎、歲破、災煞、囚獄

適逢正沖太歲年，整體運勢較爲低迷，變化較多，難免感到辛苦、不容易適應。建議農曆新年期間到廟裡安太歲，祈請神明保佑，並且行事盡可能低調沉潛，謹慎應對各項挑戰，就能安穩度過這一年。所幸有「月空星」可化解凶星的煞氣，讓雞朋友柳暗花明又一村，事事均能逢凶化吉，否極泰來。

事業好運指數★★

雞朋友的工作運途不如往年順遂，一路上重重阻礙，令你疲於應付。恰逢「闌干」、「歲破」等凶星來犯，代表行事容易遇到節外生枝的狀況，困難較多。同時也會有口舌是非的干擾，要多注意個人言行與人際關係，避免產生誤會。此外，工作上也容易出現各種動盪，例如離職、調職或轉職等，應做好妥善的計畫，才能穩妥地面對變化。

財運好運指數★

雞朋友今年沖犯太歲，不利財運發展，又碰上「大耗星」來作亂，「耗」意指消耗、損失，讓錢財流失的情況逐漸嚴重，恐有破財危機！建議雞朋友，應降低生活必需品以外的開銷，避免衝動購物，以及過度使用信用卡消費，才不至於產生卡債。投資方面也應量力而爲，可先向專家請教合適的標的，不宜盲目投入金錢，才能穩守錢財，不至虧損。

愛情好運指數★★

今年缺少桃花吉星入宮，又正值太歲沖煞，所以雞朋友的感情運勢較不理想，不僅容易情緒低落，以悲觀看待事物的情形頻繁上演，更不利於開展桃花。單身的雞朋友，受困在低迷的情緒中，無心發展戀情，建議打起精神來與人交流，才不會錯過好桃花；有伴的雞朋友，容易在爭吵時，將分手掛在嘴邊，宜多溝通，互相包容，才能攜手共度難關。

功名好運指數★★

因「囚獄星」作祟，導致雞朋友的功名運還有極大的進步空間，無論是事業，抑或是學業均感到明顯的阻滯感，難以有所突破，導致做事容易事倍功半。建議平日須勤加努力、用功讀書，不可心存僥倖，同時要適度地排解壓力、調整好心情，在應試時才能好好發揮。只要計畫性地規劃讀書時程，埋首苦讀，仔細鑽研，終將會贏得好成績。

健康好運指數 ★★★

養生是雞朋友提升健康運的重要課題，唯有擁有健康，人生才會平順。雞朋友容易罹患跟呼吸系統或腹部相關的疾病，平時應注重飲食調養，適當食補，就能免於病痛。雞朋友也應定期做健康檢查，追蹤自己的健康狀況，就能化解健康運不佳的問題。此外，還應防範意外，例如開車或是操縱大型機具，須更加謹慎小心，以免發生意外。

化煞小提點

今年受「歲破星」影響，不僅行事受阻、波折不斷，令你身心虛耗、疲憊不堪，更容易產生動盪的局面，讓你在沖太歲的今年備受考驗，建議可在元宵節前至廟宇或線上服務安太歲，庇佑整年平安順遂，幸福安康。此外，也可點光明燈，為運勢增光添彩，照亮光明前程。

第4名

狗

人脈開拓年

吉星：月德、六合／凶星：咸池、年殺、死符、小耗

狗朋友擁有絕佳的貴人運，不只對事業有益，也讓感情進展飛速，是收穫頗豐的一年！因此，請多費心維護人際關係，不論是同事、朋友、客戶或網友等，都可能成爲你的貴人，讓人脈通錢脈，就能帶來豐沛財源，爲整體運勢大加分！其次是財務問題，應合理分配各項支出，避免鋪張浪費。

事業好運指數★★★★

事業方面，狗朋友延續去年的三合好運，身旁總有軍師指點迷津，大幅減少自行摸索的時間，能更快地融入團隊，共創輝煌成果，享受工作帶來成就感。不過，在面對批評指教時，應以開放的心胸，雅納各方建議，即使是和過去的認知不同，也有值得採納的意見，正因爲與不同想法的人合作，才有機會激盪出不一樣的火花，帶來新商機。

財運好運指數★★★

受「小耗」凶星影響，時常出現預期之外的支出，像是因粗心大意而遺漏錢包，或是把貴重物品摔壞，須額外花錢維修等等情況，建議謹慎行事，就能避免財物損失。另外，應合理控制生活花費，在預算不超支的狀態下，可彈性活用金錢，保有良好的生活品質！若想存滿荷包，建議多向專業的前輩請益，有利於發掘新客源，使收入明顯增加。

愛情好運指數 ★★★

逢「六合」吉星加持，人氣提升，聚會邀約不斷，單身的狗朋友，應把握良機，多參加活動，除了能展現人格魅力，吸引眾人的目光，也能拓展社交圈，靠著新朋友們熱心牽線作媒，更容易遇到理想對象喔！不論已婚或是未婚者，都能感受到伴侶的關照，讓戀情更加甜蜜繽紛。若有穩定交往的對象，將在長輩的祝福中，邁向人生新的階段。

功名好運指數 ★★★★

在貴人鼎力相助之下，功名運持續攀升，有利於升學或考取證照，只要不斷精進自我，定能提高職場身價，進而談到更高的薪資，羨煞旁人！若能集結眾人的智慧處理事務，必能發揮最大優勢，取得豐碩的合作成果，使事業更上層樓。另外，準備參加考試的狗朋友，不妨組個讀書會，互相切磋琢磨，可更快破解思考盲點，順利考取高分。

健康好運指數 ★★★

健康方面表現尚可，平時多注重健康和養生，就可保持活力。即使加班再晚，也應攝取營養均衡的飲食，別讓自己餓肚子。面對舊疾困擾，切記定期回診追蹤，才能避免復發。此外，追求好身材的狗朋友，別太過放縱自我，與人聚餐時，應盡量食用原型食物，如新鮮蔬果，減少攝取精緻澱粉、甜食、飲料等，慢慢地就能看見成效囉！

化煞小提點

今年碰上「死符」凶星來搗亂，對健康狀況有一定的影響，容易產生體力不濟、疾病纏身等問題，建議平時可勤加運動，攝取均衡飲食，以及維持良好的作息，就能增加免疫力，有效阻絕疾病上門。此外，也可在臥室點燃薰香，使香氣蔓延屋內，藉以淨化磁場，去除穢氣與煞氣。

第3名 豬

能力展現年

吉星：金匱、三臺、將星、三合 ／ 凶星：飛符、年符、官符、五鬼

因眾多吉星助陣，使各方運勢持續看漲，只要踏實行事，必定能如願以償，步步高升！當考驗來臨時，無論你是否準備好，請當仁不讓地接受挑戰，相信自己的直覺，並且全力以赴，就能突破難關，邁向成功。此外，今年還可以考慮買房置產，可望挑到滿意的物件，順勢成家立業，享受甜蜜生活。

事業好運指數★★★★★

在職場上默默努力付出的豬朋友，即將迎來更宏大的職涯舞台，讓你能夠展現自身的領導力，得高層青睞，進而受到提拔。無論是否位居管理職，在參與會議時，大方表達意見、提出改進方案，都能爲團隊幫上忙，顯現出你的職場價值。即使遇到瓶頸，也可憑藉在職場打滾多年的經驗，及沉著機智的反應，將困難順利克服，交出亮眼的成果。

財運好運指數★★★★

喜逢「金匱」吉星照臨，財運隨著事業運一路上揚，可望賺進一筆可觀的財富，尤其是自行創業、經營小本生意者，能夠順利找到金援，減輕負擔，在你的努力之下，公司進帳頗豐，吸引許多投資人目光，市場價值也隨之看漲。此外，過往進行的投資也開始獲利，可從中領到不少利息，只要持之以恆地執行理財計畫，定能累積好幾桶金。

愛情好運指數 ★★★★

今年感情運勢依舊甜蜜美滿，但須謹防凶星「五鬼」搗亂，容易產生口舌是非、誤會與節外生枝的情況，建議以智慧化解是非，多溝通，才能使感情發展順利。單身的豬朋友魅力無法擋，可多參加社交活動，或是透過朋友介紹，有助認識新對象；有伴的豬朋友可藉此好運，爲平淡的生活增添許多樂趣，讓感情回到熱戀時的情景，甜蜜無比！

功名好運指數 ★★★★

豬朋友得「將星」眷顧，名聲、職位可望更上層樓，若能多方拓展人脈，結識各領域的優秀人才，互相交流取經，更有助於拓展眼界和格局，促使你向指標性人物看齊。而這些寶貴的經驗，也讓你獲益匪淺，化爲未來前行的養分，讓你得以展現驚豔眾人的表現。準備升學考試的考生，也能照著師長規劃的進度完成複習，從容應試，取得佳績。

健康好運指數★★★

健康運起伏不定，受到外界壓力的影響，肌肉常處在緊繃的狀態，容易肩頸僵硬痠痛，即使經常去按摩、推拿，也只是暫時舒緩，隔沒多久又產生不適感，治標不治本。提醒豬朋友，若經常姿勢不良或久坐不動，會對身體造成傷害，須適時活動筋骨，呼吸新鮮空氣，舒緩緊張情緒。不妨跟著親友一起登山健走，透過流汗釋放壓力，有益健康。

化煞小提點

今年「五鬼星」入宮，須慎防小人暗中迫害，以及流言蜚語，在人際交流上應謹守禮儀，維持著進退得宜的分寸，才不至於落人口實，對事業發展造成影響。建議可隨身佩戴銀飾，有助於避邪除穢，接引無窮正能量，讓你以正引正，招致各方貴人提攜，人生順遂美滿，平安喜樂。

十二生肖流月運勢——每月五運解析

1月 January

事業★★

工作上有些變動，可能需要轉調單位，也可能是要面臨轉職的抉擇。建議靜下心來，多方考慮後再做選擇。

財運★★

這個月會有一些必要的額外支出，例如：家庭開銷增多，經濟壓力讓你覺得沉重，只要開源節流，就可順利度過。

愛情★★

即使想要有人陪，但一進到群體便感覺格格不入，因此少了許多交新朋友的機會。建議勇敢敞開心房，才能招致良緣。

功名★

機會是留給準備好的人，須更積極做好規劃，專心致志，精益求精，才有機會通過考試或考核。

健康★

多思多慮會造成心理上的壓力，不妨放寬心，試著轉念，並且定時運動，有助揮別憂鬱，提振精神。

2月 February

事業 ★★★

工作能量穩定，只要抱持積極努力的心態，即便有突發狀況，也能妥善處理，化危機爲轉機。

財運 ★★★

財運持平，但與健康相關的開銷可能會增加。這個月在日常花費無法節省的情況下，不宜增加投資金額，理財應以保守爲上。

愛情 ★★★★

單身的人如果有心儀的對象，只要加把勁，就有望打動對方的心。已婚的人則有機會喜獲麟兒，組成幸福美滿的家庭。

功名 ★★

妥善擬定讀書計畫，堅定目標，並且努力落實，不可光說不練，或臨時抱佛腳，才能順利考取功名。

健康 ★★

因有凶星來犯，導致健康運下滑，盡量避免探病或問喪，以免晦氣纏身，建議經常到香火鼎盛的廟宇參拜，以助過運。

3月 March

事業 ★★★★

職涯發展順遂，是適合轉職的月分，你的才華將會被看見。可設定職涯目標，努力實踐，就有機會更上一層樓！

財運 ★★★

因爲財帛星入宮位的關係，財運會與配偶有關。可能是想發展斜槓事業，另一半願意出錢投資或能提供技術支援你喔！

愛情 ★★★

兩個人的感情會因爲一起共事或度過難關，而打下更堅定深厚的基礎，這個月同時也很適合思考兩個人的人生大事。

功名 ★★★★

因爲才能出衆，加上處事得宜，在老闆眼中你是個能提拔的人才，要好好把握機會！學生則是術科測驗表現較佳，學科須多努力，避免粗心大意，才能有好成績。

健康 ★★

健康方面無大礙，不過家裡可能會發生讓人感到悲傷的事情，難免影響到情緒，也會產生一定的壓力，記得適度放鬆。

4月 April

事業 ★★

雖然工作上開始受到矚目，但有可能會在與同事或合作對象共事的過程中有不愉快，或因爲粗心而導致失誤。

財運 ★★

投資理財需理性，用錢有度，若缺乏良好的理財觀念，恐將入不敷出。建議多請教理財專家，才能把握賺錢良機。

愛情 ★★★

戀愛運佳美，另一半的陪伴和安慰是最大的鼓勵，也別忘了找時間一起度假，放鬆心情的同時也能增進感情。

功名 ★★

因爲職場的流言和口舌紛爭，讓你的表

現起伏不定，進而影響了考核與升遷。但是只要過了這段時間，你的實力是會被看見的。

健康★

時值季節交替，健康運較弱，常感到疲倦無力，建議多攝取蔬菜與水果，補充營養品，以及多運動，增強體力。

5月 May

事業★★

工作開始遇到瓶頸，有身陷困境的感受。若是創業者，會深覺市場開拓十分艱難，這種時候越要穩紮穩打，等待機會來臨。

財運★

本月有花錢如流水的趨勢，收入增加不易，支出卻大增。記得做好收支管控，節省開銷才是明智的作法。

愛情★★

患得患失只會讓感情更加辛苦，不妨放寬心，順其自然，感情最終將會水到渠成，開花結果。

功名★

課業壓力較重，須調整學習的方法，建議向老師和學長姊求教，複製他們的讀書方式，有助迅速上軌道。

健康★★

感覺諸事不順的時候，情緒難免受到影響，這時候越要穩定下來，否則心理的焦躁煩憂會影響生理，造成身體不適。

6月 June

事業★★★★

過去幾個月的努力終於有了成果。工

作上會有來自各界的貴人協助，讓你每件事情都能順利解決，只要心存感激，就能保持好運。

財運 ★★★★★

財星高照，有豐厚的賺錢動力，不管是正財或偏財都會有所斬獲。多向有經驗的投資理財專家請益，有望回收豐盛的財富。

愛情 ★★★★

無論是已婚或是交往中的兩人，感情都逐漸穩定且牢固。單身的人有機會得到對方的首肯，成爲正式交往的情侶。

功名 ★★★★★

這個月將得到你努力已久的成績。學生可以考取心目中的學校。工作中的朋友，即便沒有升職也有加薪的機會，不必推辭，這是你應得的。

健康 ★★★★★

心情穩定，身體也跟著健康了起來，只要保持平穩的情緒，同時多補充營養品、適度地運動，就有助健康的維持。

7月 July

事業 ★★★

有機會承擔工作上的重責大任，須做好心理建設，做事要有條理、有計畫，才撐得起這份工作。

財運 ★★★

財運持平的本月，或許會有健康相關的花費產生，但只要避免衝動購物，就能維持收支平衡。可買張彩券試試運氣，或許小有收穫。

愛情 ★★★

和戀人有進一步的發展，感情將進入下一個穩定的階段。在日常相處上，要提醒自己不逞口舌之快，就可以甜甜蜜蜜過日子囉！

功名 ★★

你可能會因努力沒有被看見而沮喪難過，但事實上或許只是自己一時粗心大意，只要下次準備充分就會有好結果。

健康 ★★

身體不適應盡快就醫，對症下藥，不可拖延，以免越拖越嚴重。相信醫生的專業，不可聽信偏方，才有助恢復健康。

8月 August

事業 ★★★★

工作上重拾好運勢，會有貴人出手相助，使事業順風順水。不過即使事事如意，還是得努力上進、鞭策自我。

財運 ★★★★

工作上受到提拔，收入也有明顯的增長，加上斜槓的收入也漸漸穩定，讓你的戶頭金額越來越多，只要量入為出，就能持續保有財富。

愛情 ★★★★

身邊已經有交往對象或已婚的朋友，將迎來喜事臨門，可能是戀情開花結果，也可能是即將迎接可愛的新生寶寶。

功名 ★★★★

在貴人的幫助下，想轉調單位或是重新談薪水，都不是難事。如果你有計畫透過考取證照來增加專業能力，這個月也能心想事成。

健康 ★★★

炎夏須做好防曬，多補充水分，以免中暑。也不可因爲夏天而貪涼，小心「陰暑」，造成體內濕氣過重而有不適反應。

9月 September

事業 ★★★★

只要保持樂觀積極的態度，面對問題時保持沉穩、不自亂陣腳，就能在工作上維持亮眼表現，讓長官對你刮目相看。

財運 ★★★

生財能量飽滿，能從工作中收穫豐盛的財富，但是要注意花錢宜有道，避免衝動購物，撙節開支，才能留住錢財。

愛情 ★★★

雖然兩人之間的情感考驗增多，但大致上保持穩定，沒有無法化解的歧異。只要好好溝通，兩人感情依舊會美滿甜蜜。

功名 ★★★

因有貴人幫助，原本沒有希望的晉升，最後也能順利入選。對考生來說，會遇到能提點你的好老師，讓最後的努力更有成效。

健康 ★★

火氣旺盛，健康運勢較爲不穩，比較容易發脾氣，當心與人起爭執。凡事以和爲貴，多運動流汗、多補充水分可降火氣。

10月 October

事業 ★★

工作上會有變動，可能是要面臨調職、接觸不熟悉的領域，或者甚至面臨需要轉職的狀況，雖然改變難免讓人感到恐懼，但可抱著嘗試的心情放手一搏。

財運★★★

投資時將眼光放遠，不短視近利，多請教長輩或專家意見，就能隨著時間累積財富，有助快速存到一桶金。

愛情★★

笑容能拉近人與人之間的距離，時常對著鏡子練習微笑，可增加親和力，招來好人緣與好桃花。

功名★★

學習上頗有斬獲，令你相當有成就感。但凶星來犯，須注意不要粗心大意。考試時要再三檢查，以免疏漏。

健康★★

本月容易小病不斷，但都不是大問題，只要及早治療，維持正常作息、多運動，就能快速痊癒。

11月 November

事業★★★

你的領導統籌能力，讓專案成績更加出色，引起高階主管的注意。如果因此有工作上的變動，不妨勇於接受挑戰。

財運★★★

積累的財富可以用於置產也可用於創業，雖然短時間內或許看不出獲利，但放長遠看便會發現收穫頗豐。

愛情★★

雖然兩人之間已經非常了解，但對於雙方朋友與家人的事情，建議保持距離，少說兩句，可讓兩人之間不會另增嫌隙。

功名★★

雖然工作表現不俗，但整體運勢不佳，影響到了功名運勢。期待中的升遷或許沒有發生，不過往後還是有晉級的機會。

健康★

受凶星干擾，健康運不佳，精神容易萎靡不振、心神不寧，須避免出入喪家或醫院，以免沾染晦氣。

12月 December

事業★★★★

平日要多經營人脈，事業上的貴人就在其中。經常與人爲善、眞誠待人，貴人將在合夥、簽約相關事宜助你一臂之力。

財運★★★

本月的開銷容易受到心情的影響，導致花錢如流水的現象。所以進財雖多，但開支也不少。建議做好收支管理，避免情緒性消費，才能守住錢財。

愛情★★★

與另外一半的關係，因爲有了共同的興趣而變得更緊密，也有了更多共通話題。單身者也能透過跟心儀對象一起參加活動而有更多的交集。

功名★★★★

改變讀書方式後，讀書效率大幅提升，考試成績隨之拉高，將會增進你的讀書動力。只要不過分自滿，就能維持好成績。

健康★★★

活力充沛、精神飽滿的月分，可安排親近大自然的行程，可揮別負面情緒，使身心更加舒暢。

1月 January

事業 ★★★

工作時從大處著眼、小處著手，冷靜、細心地處理問題，切莫衝動行事，就能圓滿解決。

財運 ★★★

想要讓荷包滿滿，除了有正確的理財觀念之外，平常也要養成拒絕衝動消費的習慣，減少不必要的支出，持續累積財富。

愛情 ★★★★★

這個月你的魅力無法擋！憑藉著處事智慧與豐沛情感，理性與感性的結合，令周遭的對象對你爲之傾倒。

功名 ★★★

本月有表現的機會，上級交辦工作時，不妨自信、積極地接受之，好好把握，事業就能更上一層樓。

健康 ★★★

交際應酬的活動增多，享受美食的同時需注意熱量的攝取，避免卡路里超標而造成對身體的負擔。

2月 February

事業 ★★

當工作稍有不順遂的時候，其實就是沉潛、累積實力的好時機。可以向同事或前輩學習待人處事的技巧，藉機調整工作步調。

財運★★

本月財務狀況需量入爲出、精打細算，不宜盲目或樂觀地花錢，以免金錢流失太快而入不敷出。

愛情★★★

這個月你會感受到另一半給予的溫暖關懷和照顧，正好提醒自己最近是不是有點疏忽對方了，找個時間約會，替彼此的感情增溫吧！

功名★★

如果你正在準備考試，不論是升學或晉升，這個月會感覺比較沒有動力，讓自己適當的放鬆，也許能找回更多的能量。

健康★

家人或親友身體狀況堪憂，或是家庭正在面對難關，讓你心情低落，影響到作息和健康，照顧家人的同時，自己也別忘了多加休息喔！

3月 March

事業★★★

在談合作或簽訂合約時，要特別謹慎地擬定條約；與人溝通時，應當面說淸楚，避免產生誤會。

財運★★★

工作辛勤的付出能得到相對應的報酬，只要勤奮踏實地工作，就能讓經濟狀況穩定，衣食無虞。

愛情★★★★

兩個人的默契十足，生活在一起也能相互包容體諒，可以期待彼此的關係進入到長久且穩定的階段。

功名★★

容易耽溺於享樂之中而忘記追求功名的重要性，須釐清事情的輕重緩急，以考試或升遷爲重心，努力耕耘。

健康★★

陳年的舊疾頑症恐會復發，平時在飲食上、行動上都須格外當心，若有不適，千萬別隱忍，及早就醫才是最明智的選擇。

4月 April

事業★★★★

工作的努力與成績逐漸被看見，屢屢獲得讚賞，並被賦予重要任務，以你的能力來說也能從容應對，努力表現，就能步步高升。

財運★★★★

財運有貴人相助，人脈即錢脈，只要經營好人際資源，便能吸引貴人相助，使財源廣進、招財致富。

愛情★★★

感情保持穩定，難免會有小爭執，但只要以誠心和對方好好溝通，就可以化解誤會，增進對彼此的了解，使感情更加穩固。

功名★★★

想要擁有好成績，必須做好讀書計畫，穩紮穩打地讀書，不可亂用小聰明或以投機取巧的方式應付考試，否則學業成績將會不佳。

健康★★

工作更加繁重，日常生活也有不少的口舌紛爭出現，壓力與日俱增，只要讓自己保持正能量，維持身體健康，一切都能圓滿解決。

5月 May

事業 ★★★

工作運平順，行有餘力之時可協助同事或後進，幫助他人也是幫助自己，對日後的發展也有助益。

財運 ★★★

財運運勢不差，但要小心花錢無度，到最後才發現口袋空空。因此，要清楚金錢流向，並時常檢視存款，才能繼續保有財富。

愛情 ★★

溝通是相處的根本之道，別把話藏在心裡，試著把話說出來，溝通順暢才能使感情穩固。

功名 ★★

生活壓力繁重，導致你沒有時間和心力專注於學習。先將生活大小事處理好，再來安排讀書事宜會更有效率。

健康 ★★

工作與生活帶來的壓力使你忙碌不已，再忙也別忘了休息，多喝水，重視睡眠，有好的睡眠品質才有源源不絕的活力！

6月 June

事業 ★★

工作缺乏鬥志，容易有倦怠感，須振作精神，重新整理自己的工作哲學並努力實踐，就會有動力堅持下去囉！

財運 ★★

雖有穩定的正財收入，但是瑣碎的花費較多，累積起來將是一筆可觀的數目。消費時要注意錢的走向，以免入不敷出。

愛情★★★

學習如何愛人是每個人一生的課題，試著敞開心胸，接納、包容對方，才能長久經營一段感情。

功名★★

心神恍惚容易導致表現失常，讓整體表現差強人意。不論是學子還是在職場打拚的朋友，都要好好整頓心情，重新出發。

健康★★

健康運較不穩定，所謂「病由心生」，因煩惱、憂慮而導致小病不斷。只要轉念、換個角度看待事物，身心便會恢復健康。

7月 July

事業★★★★★

貴人及時的協助，讓你一掃工作上的低迷氣氛，連帶能力有了最好的發揮，不論新任務或舊工作，都能交出亮眼的成績單。

財運★★★★

財運回到穩定增長的狀態，這時候很適合審視自己的收支狀況，近期也可嘗試重談薪水或是增加業外的收入。

愛情★★★★★

期待步入婚姻且已有對象的人，這個月能夠心想事成了！已婚的朋友也能甜蜜美滿，感情上穩定，彼此間溝通順暢，關係令人稱羨！

功名★★★★

受到貴人的幫忙，讓你有更多機會被長官看見，因此受到許多賞識，不過還須時刻保持謹慎的態度，才能長久穩健的發展。

健康 ★★★★

身心都無大礙的這個月，請繼續維持健康的作息，甚至可以邀請伴侶或朋友一起運動，更健康之餘也能經營人脈。

8月 August

事業 ★★★★

你將有更多實權能主導更多專案，並可發揮優異的領導管理能力，將帶領部門替公司創下新成就。

財運 ★★★★

工作出色的表現，有望替自己爭取到加薪，還會有許多業外收入的機會出現，只要不影響正職工作，都可以欣然接受。

愛情 ★★★

繁忙的工作讓你無暇顧及家庭或另一半，但他們都能體諒你的辛勞；在閒暇時間，記得好好陪伴家人們，回報他們的付出。

功名 ★★★★

公司內外都有不少好機會和你招手，讓你可以選擇升遷或是轉調部門；年紀較長一些的朋友若考慮退休，則是個很好的時間點。

健康 ★★★

當要肩負更大的責任，就需要更健康的身體。如果已經開始出現疲勞跡象，須及時補充保健食品，也須注意適度休息，才不致累倒。

9月 September

事業 ★★★

工作運平穩，你踏實的行事風格令主

管讚賞，並可獲得同事的信任，只要保持穩定表現，就會有更多發展的機會。

財運★★★★

福星高照，讓原本沒有期待會有進帳的事情，收到了以金錢作爲回報的代價。也很建議趁著好運，買張彩券小試身手喔！

愛情★★

愛情運勢不佳，有計畫結婚的朋友，可能會因爲某些原因導致婚期必須延後；至於單身的朋友，還需靜待良緣到來。

功名★★★

工作上可獲得貴人支援，只要努力配合，會有很大的機會得到晉升。有深造計畫的朋友，也能順利啟動。

健康★★★

當面臨情緒低落時，可多和家人、朋友談心，他們眞誠的關懷與建議，能幫助自己走出低迷的身心狀態，回復向前行的動力。

10月 October

事業★★★

平時與同事維持良好的關係，遇到難題便會有貴人相助，甚至能在關鍵時刻獲得滿滿助力！

財運★★★

財運普通，除了以保守的方式理財、量入爲出之外，將開支控制得宜，盡量避免動用預備金，也是本月的守財重點。

愛情★★

感情方面多少受到謠言或是共同朋友傳話的失誤，讓彼此產生誤會，用坦承的心和對方溝通，一切誤會終將冰釋。

功名★★

人際方面考驗增多，加上流言肆虐，讓你的聲譽受到損害，影響升遷。建議以實際行動力抗謠言，就有機會爭取到一席之地。

健康★★

出門在外請特別小心交通安全，尤其精神不佳時，不可開車，改搭大眾運輸工具，降低危險發生的機率，保障自身安全。

11月 November

事業★★★★

貴人的助力持續增加，將會帶來更多的資源，讓你的事業有新的突破與發展，連帶地位和聲望都更上一層樓。

財運★★★

財運持平，除了可能會有部分養生或看病的開銷，只要不過度消費，便能繼續累積財富。

愛情★★★★

已婚的朋友，家庭和樂幸福美滿，家人的支持成爲你最大的動力，讓你放心衝刺事業，別忘了好好感謝親愛的家人喔！

功名★★★

人際是求取功名的助力，可多多結交新朋友，既有的人脈也須好好經營，以眞誠的心意交陪，日後這些朋友將會成爲你生命中的貴人。

健康 ★★

這個月抵抗力有變弱的跡象，要比過去更注重預防與保養，就算是小小感冒也可能演變爲嚴重疾病，不可輕忽！

12月 December

事業 ★★

須注意職場上有小人在背後說你的不是，此時待人更應謹愼，行事更應低調，以免落人口實。

財運 ★★

有難以避免的金錢耗損發生，可能是家裡需要修繕，也有可能是身體有病痛，需要花錢治療。既然避免不了，就毋須太過糾結。

愛情 ★★

兩人因爲工作要分隔兩地，或是最近疏於聯繫，感情因無法常常聚首而轉淡。如果想繼續走下去，記得好好維繫感情。

功名 ★

最近因複雜的職場人際，使你疲於追逐名利，只想清心寡慾過日子，當然就沒有好機會可以讓你發揮，也許清閒一點也不錯。

健康 ★

冬日氣溫寒涼，須注意保暖，以防感冒。有慢性病者更須多留心身體狀況，病情如有變化應盡速就醫。

1月 January

事業 ★★

雖然對工作有滿腹熱情和創意，可惜沒有讓你發揮的舞台。此時期不妨低調沉潛，靜待屬於你的時機來臨。

財運 ★

財運不佳，會有大筆支出，例如房屋或車子的修繕，可能會動用預備金，平時應有良好的儲蓄習慣，才能應對突發狀況。

愛情 ★★

適時調整彼此的腳步，讓雙方步調趨於一致，互相扶持、彼此鼓勵，感情才能走得長久且順遂。

功名 ★★

本月功名運勢有許多橫逆阻擾，考試、升職或加薪恐怕難以如願。原本順利的案子可能會有挫敗，專注處理自己的任務，便可緩解困境。

健康 ★

凡事量力而爲，千萬不可逞強，不舒服的時候要多休息，給自己喘息的空間，過度緊繃會導致身心靈失衡。

2月 February

事業 ★★★

這個月會有貴人出現，讓你在工作表現上更亮眼！請記得時刻廣結善緣、和氣待人，才不會和貴人擦身而過。

財運★★

財運平平的這個月，雖然進帳多了點，但支出也多了些，衡量開銷要比平常更保守一點，否則很容易變成月光族。

愛情★★★

單身者不妨試著跳脫舒適圈，接觸從未嘗試過的活動，拓展人脈與眼界，就有機會認識好對象囉！

功名★★★

這個月如果有各種鑑定測驗或考試，只要準備充分，雖然不一定會名列前茅，但都會安全過關。

健康★★★

會因爲工作忙碌或應酬增多，而給身體帶來負擔，記得給自己充分的休息，並且保持運動習慣，就能常保健康。

3月 March

事業★★★

對於工作要耐心應對，不可貪心或躁進，重要環節更應細心處理，如此一來，再複雜的情況都能迎刃而解。

財運★★

財運低迷，別被一時的貪念蒙蔽了心，報酬率高的產品獲利雖高，但風險也大，建議本月以保守、小額的投資商品爲佳。

愛情★★★

這個月有許多憂傷之事，讓感情受到影響，不過這正是考驗彼此的最好時機，若對方能與你共度所有的喜怒哀樂，千萬要好好把握。

功名 ★★

雖然現階段為學業、事業付出的努力不一定能馬上看到成果，但是只要堅持下去，未來一定會有收穫。

健康 ★★

本月較容易感到緊張、焦慮，身體病痛隨之浮現，建議多靜心冥想，或是多運動，代謝掉負面情緒，方能轉危為安。

4月 April

事業 ★★★

工作上會遇到進退兩難的情況，不論是主管或同事都有可能與你意見相左，建議多溝通，達成雙贏局面。

財運 ★★★★

財運亨通，可把握時機進場投資，將有豐厚的收穫。如用此筆金錢來行善布施，將有助財務能量流動，讓你進帳更多！

愛情 ★★

個性獨立的你，偶爾也可以試著依賴他人或是撒嬌，讓人感受到你的可人之處，進而催化感情喔！

功名 ★★

功名運下滑，容易沉迷於玩樂，務必要收起想玩樂的心，做好讀書計畫，專心致志地執行，方能成功。

健康 ★★★

最近較為操勞，導致睡眠品質不穩定，易有多夢、淺眠的情況。建議睡前可練習瑜珈，或是使用薰衣草精油放鬆身心。

5月 May

事業 ★★★★

人緣助力大增，專案執行時將會得到各方相助，使你順風順水，行事事半功倍！

財運 ★★★★

財神與你相伴的這個月，不論是正財或偏財，都能有不錯的收入，也是個很適合回收投資獲益的時間點喔！

愛情 ★★★

有對象的朋友戀情或婚姻非常穩定，默契十足。單身的朋友有可能和心儀對象情投意合，只要努力傳遞情感就會有好結果。

功名 ★★★★

本月利於考試運，你的努力都將反映在成績上，所謂一分耕耘，一分收穫，現在正是收穫甜美果實的最佳時刻。

健康 ★★★

雖然有些許煩心事，但整體健康運不錯，可增加運動時間或加強鍛煉，爲將來的健康打下基礎。

6月 June

事業 ★★★★

如果你已經準備好工作上的進修計畫，這個月將會是實行的好時機！職場上也將有貴人主管出現，助你一臂之力，一舉提拔你成爲公司主力。

財運 ★★★

除了不要過度消費，避免錢財損耗，也要留意目前的投資布局，若已經開始虧損，須趕快止血出場，否則易有更大的虧損。

愛情 ★★★★

桃花旺盛，單身者可從朋友圈中發展出新的情感對象，有伴者可安排舊地重遊的行程，讓感情更升溫。

功名 ★★★

有深造計畫的朋友，無論是求學、增加專業能力，抑或是有國內外的學習規劃，現在就是開始執行的好時機。

健康 ★★★

過去的舊傷或許會在這個月再度復發，若有不適的症狀，切勿隱忍，盡早就醫，才不致加深症狀。

7月 July

事業 ★★★★

工作表現漸入佳境，已經逐漸能獨當一面，交出令人滿意的成果。但在遇到問題時，建議多請教專家，有助逢凶化吉。

財運 ★★

財運低迷，容易虛擲金錢，應避免衝動消費，無論是實體店面或網路平台，購物前請考量實用性，以免荷包失守。

愛情 ★★★

生活過於忙碌，與伴侶相聚的時間不多，建議透過通訊軟體保持聯繫，即使只是傳張早安圖，也能傳達你的關心。

功名 ★★★

工作表現並不差，但主管身邊人才濟

濟，必須虛心學習，才足以應付各種挑戰，當你能夠做出一番成績，自然能嶄露頭角。

健康 ★★

遠行的機會增加，行事上須小心，切勿過於莽撞，以免意外發生。此外，在倉庫存取貨物時應注意安全，以免被貨物砸傷。

8月 August

事業 ★★★★★

好運降臨，事業得貴人多助，把握良機全力以赴，自然能締造卓越佳績。切記與客戶建立好關係，可從中獲得許多益處。

財運 ★★★★

進財機會多，可以發揮敏銳的思維，挖掘出新的商機，進而帶來豐沛進帳。如有想投資的項目，大膽投入資金，有望帶來獲利。

愛情 ★★★★

感情進展順遂，單身者與心儀對象三觀十分契合，相處上自在沒壓力，結識不久就可能決定交往，享受甜蜜時光。

功名 ★★★★

表現機會來臨，不妨主動爭取參加競賽，爲班級爭取榮耀。即使不夠熟練也無妨，只要加以練習，必能進步神速，榜上有名。

健康 ★★★

平時應維持規律的作息，別長期熬夜，會對身體造成間接傷害。如長期處於冷氣房，應定時清洗冷氣濾網，以免引發過敏。

9月 September

事業 ★★★

職場合作機會多，切勿特立獨行，應

與同事們集思廣益後，再採取合適的行動，才能避免嚴重失誤的發生，一舉成功。

財運 ★★★

財運雖然不高，但仍有進財的機會，不妨多跟親友打聽賺外快的機會。此外，切勿輕信來源不明的投資管道，才能守住財富。

愛情 ★★★

伴侶間一旦遇到意見不同的時候，與其大動肝火地爭論，不如請親友幫忙協調，各自退讓一步，有助化解感情危機。

功名 ★★★

過完連假後，心態上有些怠惰，缺乏學習的企圖心，導致成績無法提升。建議找同儕一起學習，互相監督，有助改善現況。

健康 ★★

健康運低迷，在進行各類運動時，宜先做好暖身，否則恐造成肌肉拉傷，需要長期休養才能康復；請特別留意，凡事小心爲上。

10月 October

事業 ★★★★

機遇降臨，如有想洽談的合作或合夥機會，現在是敲定的好時機，宜主動出擊，將有貴人幫忙促成生意，讓你得以大展身手。

財運 ★★★★

財運因事業高漲而有所提升，能夠順利開闢新財源，賺取豐沛收入。另外，可與親友們合資買彩券，可望增加中獎機會。

愛情 ★★★

尚未脫單的朋友，應多聽取旁人的建議，提升自己的吸引力。但在沒有確認關係之前，勿任意張揚，以免對方改變心意。

功名 ★★★

在吉星的輔助下，有望登上高位，發揮長久以來累積的經驗與能力，且能擁有團隊輔佐，一步步達成目標。

健康 ★★★

心情上起伏較大，容易受他人的閒話影響，引發身心疾病，不易入睡。多找朋友出門散步踏青，欣賞美景，有助趕走鬱悶情緒。

11月 November

事業 ★★★

細節影響成敗，工作上應注意每個環節，即使不是你負責的部分，也要協助確認進度，以免一個出差錯，導致成果欠佳。

財運 ★★

財運方面危機四伏，除了投資上應保守觀望，平時外出時也要小心看管財物，切勿隨意擺放，以防宵小有機可乘。

愛情 ★★

諸多不順間接影響感情生活，應多提醒自己別遷怒伴侶，有困難可以和另一半分享，讓對方陪伴你度過難關。

功名 ★★

因爲用人不當而導致嚴重失誤，讓你在

升遷路上受到阻礙，建議先耐心解決問題，等待最佳時機再行動，相信能扳回一城。

健康★★★

健康狀況良好，善用空閒時間運動，讓身體多流汗，可促進血液循環，使身心更舒暢。切記夜歸時別走暗巷，以保安全。

12月 December

事業★★★

身邊有貴人鼎力相助，工作上將有突破性成長，能夠順利做出一番成果，表現令人刮目相看，使名聲和地位更上層樓。

財運★★★★

不只事業開拓新版圖，財運也有不錯的發展，想經營副業者能夠順利運作，創造額外收入，讓你荷包滿滿！

愛情★★★★

桃花朵朵開，單身的朋友多參與不同類型的活動，甚至去外縣市遊玩，可望在過程中遇見相伴一生的對象，順利展開交往。

功名★★★

在學長姐的牽線促成下，意外獲得寶貴的面試機會，只要竭盡所能去準備，即使沒相關工作經驗，也有望順利入選。

健康★★

健康狀況堪憂，抵抗力不足，導致感冒、疼痛等小病不斷，家中若有老人與小孩，更需要特別注意，做好保暖措施。

1月 January

事業 ★★★

工作面臨變動，有機會轉調部門或是公司改組，雖然初期可能不太能適應，但是一切都會慢慢好轉、漸入佳境。

財運 ★★★

只要繼續維持儲蓄的好習慣，並在購物前審慎思考，降低不必要的花費開銷，財富就能持續累積！

愛情 ★★★★

感情得愛神眷顧，讓戀愛中的雙方都明顯地感受到不能沒有彼此，甚至會愛屋及烏，和對方的家人相處也很愉快。

功名 ★★

應試時容易犯下粗心大意的錯誤，導致考試結果不盡理想，建議細心作答，並勤加檢查，方可得到好成績。

健康 ★★

健康狀況走下坡，因過度勞累，而使抵抗力降低，導致小毛病不斷，宜多加調養身心，才能重拾健康好運。

2月 February

事業 ★★★

領導與統籌能力受到矚目，但工作中仍有許多阻礙，讓你的表現打了折扣，雖然如此，能力上大致上還是備受肯定的。

財運 ★★★

財運出現契機，有置產打算的兔朋友，只要在找房的過程中貨比三家，謹慎研讀資料，就有望覓得好屋。

愛情 ★★

愛情運受阻，爭吵和誤會頻生，導致雙方感情受到考驗，建議彼此好好溝通或是各自冷靜，就有助修復關係。

功名 ★★★

人格特質和工作表現相得益彰，讓你即使在諸多競爭者面前也毫不遜色，有望發揮自身長處，順利取得亮眼成績。

健康 ★

健康運不理想，使用刀具利器時應多加注意，以免稍有不慎因而受傷。此外，遠離人多紛雜的場所，亦可減少災厄。

3月 March

事業 ★★★

事業運大致平穩，但要注意不宜自行刪減作業步驟，應循序漸進，切莫偷懶懈怠，才能使事業運程更加順利。

財運 ★★

因承受工作上的諸多壓力，導致容易透過網購來紓壓，讓日常開銷隨之上升。建議花錢之前三思，才有助緊守財富。

愛情 ★★★

因為工作上有些煩心事，導致無法接受另一半的關心，使雙方關係略顯低迷，只要好好與對方溝通，感情就能和好如初。

功名 ★★★

可善用公司或網路上的進修課程，在

閒暇之餘精進自身的專業能力，便能提高職場競爭力，開創事業新版圖。

健康 ★★

近期心情過於煩悶，甚至影響了睡眠與精神狀態，讓健康運大幅下滑，請靜下心來找出原因，好好解決，讓自己迎接好運。

4月 April

事業 ★★★

工作運平穩，勤勞地出門拜訪客戶，開拓新商機，或是參加活動和展覽，結交各路人脈，對事業發展大有助益。

財運 ★★

偏財運不佳，不宜將雞蛋放置同個籃子裡，宜將資金分散至不同的標的，才可降低投資風險，不致虧損。

愛情 ★★

桃花能量匱乏，單身者較重視個人的空間與生活，導致交友圈遲遲無法拓展，錯過不少潛在的好桃花，令人惋惜。

功名 ★

功名運勢陷入困境，宜多加充實自我，養精蓄銳，待機會來臨之時，多加把握，就能交出亮眼的成績單。

健康 ★

身體健康無慮，但時常會陷入憂鬱與低潮的狀態，建議可和親友訴說煩惱，適當紓壓以及調適心情，才能找回健康好運。

5月 May

事業 ★★★★

在工作上有機會遇到資深前輩指點與

提攜，令你獲益良多，職涯發展勢不可擋，同時也能在高層間獲得不錯的評價。

財運 ★★★★

財運逐漸看漲，可向專家諮詢理財方案，詳細規劃未來的財務走向，將有助聚攏錢財，圓滿財富心願。

愛情 ★★★

正在尋覓對象的兔朋友，因參與親友聚會或公司聚餐，讓你有機會可以遇到條件優秀的對象，可好好把握。

功名 ★★★

雖然壓力和干擾不斷出現，導致你無法提起勁，不過只要以正面的態度應對，就能減輕壓力，締造亮眼成績。

健康 ★★★

良好的作息和運動爲常保健康的不二法門！即使工作忙碌，每週也都要安排運動時間，不但可以紓壓，也可增加抵抗力。

6月 June

事業 ★★★

事業運順遂，但偶有急件或臨時追加的事項，讓你疲於應付、身心勞累，建議多向同仁請求幫助，就能順利化解危難。

財運 ★★

財務面臨危機，出門在外時，應注意自身的貴重物品，以免遭竊或遺失，讓你蒙受財物損失，耗損錢財。

愛情★★

單身者陷入上段感情的陰影中，遲遲無法走出，建議別被過往戀情束縛，放眼現在，就有望展開幸福愛戀喔！

功名★★★

功名運穩定發展，對於精通的科目，可多研習較深奧的課題，藉以強化自身的競爭力，幫助獲取好成績！

健康★★

健康運勢欠佳，長期在外奔波，導致抵抗力下降，建議從日常飲食中多方攝取營養，便對健康有所助益。

7月 July

事業★★★

事業遇上瓶頸，經手的專案困難重重，令你心力交瘁，甚至萌生放棄的念頭，建議繼續努力，便能從中習得許多寶貴的經驗。

財運★★

財運否極泰來，可在休假日或閒暇之餘，承接外包專案，有望開闢新財路，並獲得令你滿意的報酬！

愛情★★★★

伴侶間找到了共同的興趣，讓兩個人的交集和話題變得更多，感情也急速升溫，朝向甜蜜且穩定的階段發展。

功名★★

功名運不順，考試或晉升的結果不盡理想，主因大多是準備不足，若能付出一百分的努力，成功將指日可待。

健康★★★

身體狀況不錯，偶有小病痛或小感冒，

但都可以順利痊癒。此外，長久以來養成的運動習慣，更需要堅持下去喔！

8月 August

事業★★

工作勞累不堪，代辦事項積累過多，讓你不願面對、疲於應付，建議拿出行動力，便能將事情一件件解決。

財運★

財運起伏不定，近期不宜代人作保，或是與不熟識的親友有借貸關係，以免求償無門，並造成財物損失。

愛情★★

感情諸事不順，容易因小事情跟伴侶發生爭執，讓你們磨合不斷、感情受損，建議放軟身段，才有助改善關係。

功名★

功名運受阻，準備各項考試的兔朋友，需要擺脫懈怠、重拾幹勁，付出更多倍的努力，就能吹響勝利的號角囉！

健康★★

生活上面臨紛紛擾擾，讓你的壓力倍增，可能造成失眠等狀況，建議以正向態度面對難關，困難便能迎刃而解。

9月 September

事業★★★★★

事業運一片光明，能在主管的幫助下，獲得跟大客戶合作的機會，將為公司帶來豐厚的利潤，更有望躋身高層！

財運 ★★★★★

財運飆漲，可透過勤加拜訪客戶，結交各路人脈，使業績同步成長，讓你事業財富雙收，坐收豐沛財源。

愛情 ★★★★

感情甜蜜，有伴者可跟伴侶規劃未來藍圖，著手準備喜事！單身者可鼓足勇氣熱烈追求心儀對象，將開展甜蜜愛戀。

功名 ★★★★

功名運步步高升，有望得名師指點解惑，讓你掌握學習的要領和竅門，即便是再艱難的考題都能應付自如！

健康 ★★★★

健康運更上層樓，擁有絕佳的身體狀態與良好作息的你，可多嘗試透過食補來使自身更加強健，迎取健康好運！

10月 October

事業 ★★★

事業運平穩，只要持續做好份內的工作，在崗位上盡忠職守，於細節處謹慎小心，就能在職場上有所建樹。

財運 ★★

雖有賺錢的能力，但在開銷方面也不容小覷，建議本月花費要稍微節制，降低不必要的開銷，才不會讓錢財不斷流失。

愛情 ★★★

長跑多年的情侶，有時候會在生活中流失情感熱忱，可多安排約會行程，讓你們可重溫熱戀，感情更加幸福長久。

功名 ★★★

功名運勢起起伏伏，籌備考試或考核的過程格外辛苦，可多向親友請教經驗，將有望讓你過關合格，收穫好消息喔！

健康 ★★

健康運下滑，近期外出時，須多加注意行車安全，避免疲勞駕駛；過馬路時也須多留心周遭車況，才有助遠離災厄！

11月 November

事業 ★★★★

事業逆風高飛，若有想轉調單位者，可於本月提出申請，將有望讓你加入心儀的部門，成爲其中的一分子。

財運 ★★★

財運回穩，若有經營斜槓副業，收入也會漸漸有起色，但還是要秉持著量入爲出的觀念，才能牢牢守住財富。

愛情 ★★★★★

感情桃花朵朵開！單身者可多花點心思打扮，在出門時噴點香水，可使甜蜜香氣縈繞自身，幫助開展桃花。

功名 ★★★★

功名運撥雲見日，先前遭逢的挫折，將化爲你前進時的動力，令你在學習方面的成效逐步提升，大展長才！

健康 ★★

近期龐大的工作量，讓你蒙受不少壓力，建議可適時休假放鬆，調養身心，才能踏上更長遠的事業旅程。

12月 December

事業★★★

事業好運看漲，只要保持積極樂觀的態度，無論是忙碌的工作，或面對艱難的任務，都可以處理得很好，也能得到主管賞識。

財運★★★★

財運順遂如意，因傑出的工作表現，讓你備受高層青睞，升遷有望之餘，薪水也隨之上漲，令你財庫滿滿！

愛情★★★

雖然感情的互動略顯平淡，但因對彼此有著十分的信任與支持，即便沒有天天熱線，也能保持著甜蜜。

功名★★★

功名運攀升，可和朋友們組成讀書小組，在彼此的激勵與相互學習下，更能發揮出自身實力，獲取好成績。

健康★★

健康運陷入低潮，出門在外時，宜多戴圍巾和毛帽，勤加保暖，並避免讓冷風直吹頭部，否則將有損健康好運！

1月 January

事業 ★★★

工作好運看漲，近期將有不錯的轉業或升遷機會降臨，能使你往適合的方向發展，讓職涯發展前景更看好。

財運 ★★★

財運持續上揚，可嘗試小資金的短線投資，讓你的財富不斷流動，便可在動中生利，獲得額外的偏財收益。

愛情 ★★★

感情甜蜜美滿，和伴侶的磨合期已過，順利找到相處上的平衡點，讓感情得以細水長流、幸福長久。

功名 ★★★

考生須多加注意身體問題，建議時常從書桌前起身活動筋骨，促進血液循環，才不會讓小病痛影響應試時的發揮。

健康 ★★

健康狀況頻出，若要減脂瘦身的龍朋友，建議尋求專業管道，別讓錯誤的減肥方法，壞了健康好運！

2月 February

事業 ★★★

事業運急起直追，因得其他部門的支援，讓專案進程有了新的突破，創下嶄新紀錄，也讓你的地位和聲望都更上層樓。

財運★★★

財運多元發展，不斷開發出富饒想法和創意的商品，讓你收穫了不少財富，可好好善用這些收入，開拓新財機。

愛情★★★

有伴者和伴侶分隔兩地、聚少離多，但距離不僅不會讓你們產生隔閡，反而能透過每日聯繫，讓心的距離越來越靠近。

功名★★

功名運稍弱，可至家裡附近的圖書館念書，讓安靜專注的環境塑造適合讀書的氛圍，將可大幅提升讀書的效率。

健康★★

近期常因加班而沒有照顧好身體，導致抵抗力也跟著下降，若有身體上的小毛病出現，務必提早治療，才有助找回健康好運。

3月 March

事業★★

事業運平順，承接了燙手山芋，令你疲於應付，但在忙碌中也能精進自我能力，讓你能在職場上獲得滿滿的成就感。

財運★★

財務壓力倍增，近期大型支出增多，得靠著先前積累的儲蓄，做出最合適的財務規劃，才能讓財運好轉，順利度過難關。

愛情★★★

雙方可以挖掘更多的共同興趣，不僅

能增進對彼此的了解，也能讓約會行程更加多采多姿，感情也會隨之加溫。

功名 ★★

功名得失心稍重，因過度執著分數，導致應試時壓力過大，失常發揮，建議以平常心面對，方能展現最佳成效。

健康 ★

健康運不順，早晚溫差過大，出門在外時應多注意保暖，以免受寒著涼，引發頭痛或感冒等小疾病，就得不償失囉！

4月 April

事業 ★★★★

事業一掃陰霾，迎取好運！先前勤奮不懈的態度，將讓你成功打出逆轉勝，在職場上大放異彩，闖出屬於自己的一片天。

財運 ★★★

偏財好運持續上揚，原先持續虧損的投資項目，在近期有望轉虧為盈，令你收穫不少利潤，財庫飽滿豐收。

愛情 ★★★★

感情得愛神眷顧！你經常收到來自伴侶的噓寒問暖，使兩人間的愛意越發濃烈，摩擦衝突減少，戀情幸福美滿。

功名 ★★★

功名考運佳，籌備考試的學生或是想考取證照的龍朋友，可乘著本月的豐沛好運，輕鬆獲取亮眼成績！

健康 ★★

近期容易被失眠問題纏身，可在睡前聆

聽輕音樂，幫助安穩入睡，才不至於影響到隔天的精神狀況，導致健康好運流失。

5月 May

事業★★★★

事業好運強勢回歸！在部門會議上展現出與衆不同的構思，令你得到衆人的讚賞，讓事業前途順風順水，一片光明。

財運★★★

財運回溫，可將現有積蓄合理分配，投注部分資金進行投資，並以保守的策略進行，將有望獲得小額利潤。

愛情★★★

感情運穩定，有伴者可和伴侶一起參加朋友聚會，多認識對方的朋友，讓你融入另一半的生活圈，兩人關係也將更緊密。

功名★★★

功名運前景看好，過去的辛勤付出被看在眼裡，讓你近期有望迎來升遷機會，可多加把握，成功近在眼前。

健康★

健康運勢欠佳，工作中若需要接觸大型機具，請務必謹愼小心，或請人代爲操作，以免因不留神而產生意外。

6月 June

事業★★★

職場壓力增大，許多專案的推展都遇到阻礙，讓你的代辦事項逐漸增多，建議及時向上層反映，以免過度忙碌、身心俱疲。

財運 ★★★

偏財運不錯，可勤對發票，或是至家中附近的彩券行小試身手，就有望收穫意外之財，讓你財運喜事連連！

愛情 ★★★

桃花能量豐沛，有伴者跟伴侶的生活多采多姿，時常在家放鬆約會，享受嫻靜的二人時光，甜蜜歡欣。

功名 ★★

功名運受阻，預定好的計畫排程，容易淪爲腦中想法，而非實際行動，建議腳踏實地，方能穩健地朝目標前進。

健康 ★★

生活上萌生諸多壓力，對你造成心理上的影響，在日常生活中不斷困擾著你，建議尋求諮商管道，才能從根本解決問題。

7月 July

事業 ★★★★

職場能見度增加，傑出的工作表現，令同仁們對你信賴有佳，讓你在關鍵時刻，能得到衆人的助力，事業路程順風順水。

財運 ★★★

財運順遂，但在投資時應保有自己的判斷，不要輕信來路不明的小道消息，就能保住財富，不讓錢財損失。

愛情 ★★★

愛情活力旺盛，單身者可精心打扮自己，積極參與各類聚會，並展現出你的青春活力，就有助吸引好桃花靠近。

功名 ★★

人紅是非多，導致有心人士分外眼紅，散播不利於你的謠言，讓你的晉升機會變得渺茫，建議盡速澄清傳言，才有助升遷。

健康 ★★

過於鑽牛角尖的個性，導致情緒起伏不定而影響健康好運，建議可和三五好友相約出遊，可助你重拾幸福笑顏。

8月 August

事業 ★★★★

過去所累積的職場經驗與實力，讓你在面對新的合作項目時，得以展現卓越的領導能力，帶領團隊締造輝煌佳績。

財運 ★★

財運陷入低潮，花錢沒有節制是本月的寫照，建議宜開源節流，降低不必要的支出與花費，才能緊守錢財。

愛情 ★★★

愛情好運到！單身者可把握機會拓展交友圈，結交各路朋友，並從中挑選合適的對象，就有望開展甜蜜愛戀！

功名 ★★★

功名運順遂，在應試時應謹慎爲宜，切莫粗心大意，讓自己在小地方扣了分，影響整體的考試成績，就得不償失囉！

健康 ★★★

保持正常作息與運動，能幫助你擁有

更好的精神和體力，同時也可以搭配食補調養身體，能使身體更加強健。

9月 September

事業★★

職場瑣事增多，讓你行程滿檔、疲於應付。建議將代辦事項條列清楚，按照事情輕重緩急排序完成，就能安穩度過困境。

財運★

修繕家中電器花費了不少開銷，讓你的荷包大失血，手頭也變得更緊，建議取用臨時備用金，方可順利度過財務低潮。

愛情★★

感情波折不斷，有伴者和伴侶話不投機，常常因雞毛蒜皮的小事爭吵，同時也耗損雙方感情，使過往的濃情蜜意不再。

功名★★

升遷之路受阻，令你萌生放棄的念頭，建議放寬心，讓時間證明你的實力與才華，靜待良機出現，便能如願躋身高層。

健康★★

周身縈繞負能量，讓你的身體健康也大打折扣，建議多加寵愛自己，就能令自身充滿豐沛的正能量，身體自然安康無恙。

10月 October

事業★★★★★

事業成效勢不可擋！將有望主導年度大型專案，且得到高層的鼎力相助，讓你的工作表現大放異彩，成就不可限量！

財運★★★★★

財星高照，讓你籌備已久的副業進展順利，得以成功掌握致富密碼，帶來新的財富契機，收穫豐厚利潤！

愛情★★★★★

本月得「紅鸞」吉星高照，令戀愛運程繽紛甜蜜，有伴者可和伴侶規劃婚姻事宜，將有望攜手邁向幸福生活。

功名★★★★

功名運暢旺，可多報名職訓課程，儲備好相關技能，藉以提升自己的職場競爭力，讓你的升遷之路指日可待。

健康★★★

健康運如意，但須多加留心，別因生活忙碌，而讓身體過於疲倦，建議晚上提早休息，才能養足充沛體力，維持健康好運。

11月 November

事業★★★★

財運興旺，在網路平台上打響品牌知名度，讓你訂單滿載，業績長紅，不僅有望加薪，更能獲取滿滿的正財收入。

財運★★★★

財運興旺，在網路平台上打響品牌知名度，讓你訂單滿載，業績長紅，不僅有望加薪，更能獲取滿滿的正財收入。

愛情★★★

單身者有望在部門合作中，結識能力傑出的優質對象，在一來一往的公事對談中，也有望讓彼此關係更加升溫。

功名★★★

升遷機會降臨！不僅能得到同僚的一致推舉，甚至長官也非常看好你能勝任，建議好好爭取，將有望開展事業新版圖。

健康★★

健康運不佳，洗完澡時應及時將頭髮吹乾，避免冷風直吹頭部，讓你的頭痛舊疾復發、身體受寒或生病。

12月 December

事業★★★★

職場貴人雲集，令你助力滿滿，不僅能擁有更多的發言與決策權，更能讓同事對你充滿信賴，有助迅速壯大事業鴻圖。

財運★★★

財運穩定上升，可多鑽研金融市場，或諮詢專業人士，讓你得以選中趨勢向上的投資標的，順利賺取豐厚財祿。

愛情★★★★

感情得愛神眷顧！你和另一半相互了解，能夠體諒與包容對方，讓這段既是摯友又是摯愛的幸福戀情，羨煞旁人！

功名★★★

由於外在誘惑增多，讓你在學習時無法集中精神，導致成效降低，建議斬除令你無法專心讀書的誘因，方能有所成。

健康★★★★

健康運逆風高飛，請繼續保持規律的運動習慣，維持正常作息，好好保養身體，就能坐擁無價的健康財富。

1月 January

事業 ★★★★

福星加持，行事如虎添翼，不僅有熟人幫忙打通人脈，還替你爭取到有利的資源，讓專案進展順利，可把握機會衝刺。

財運 ★★★

正財穩定成長，除了養成儲蓄的習慣，不妨善用部分資金，挑選長輩推薦的好標的，趁機逢低布局，創造更多被動收入。

愛情 ★★★

愛情需要呵護，即使彼此已經很熟悉，但有些玩笑不能隨便亂開，以免踩到伴侶的底線，多說好話，才能避免不必要的衝突。

功名 ★★★

前陣子過於忙碌，預計報名的證照考試，或考慮良久的深造計畫，終於可以著手進行，建議找專業人士協助，準備上更有效率。

健康 ★★★

健康運不錯，多參與家族間的聚會，與親友們聚餐同樂，歡度愉悅時光。但美食當前，有三高問題者應節制，以免血糖飆升。

2月 February

事業 ★★★

職場生活大致順利，能夠掌握工作節奏，輕鬆將任務完成，但切勿怠惰，容易被他人放大檢視，甚至四處散播謠言，導致形象扣分。

財運 ★★★

財運不差，能在變動的情勢中，賺取應得的財富，雖然進帳不多，但足以支付日常開銷。若能分配得當，仍能存到一筆積蓄。

愛情 ★★★★

無論和另一半交往多久，兩人之間默契十足，有些事情不必多做解釋，伴侶自然會體諒，無形中感情也越來越好。

功名 ★★

受到閒言閒語的影響，不少原本看好你的人，開始存有疑慮，甚至被放大檢視，應端正言行、謹慎自持，才能讓風波平息。

健康 ★★

凶星擾運，若有騎車或開車的朋友，應避免疲勞駕駛，改搭乘大眾運輸工具，寧願多花一些時間，也要保障人身安全。

3月 March

事業 ★★★★

耗時許久的大型專案，終於在各界人士的幫助下順利完成，不只成果亮眼，更開創新的局面，使營業項目更加多元。

財運★★★

進財管道增加，除了投資方面有機會獲利，工作上更有加薪的機會。雖然仍有不得已的花費，但適度調整預算即可。

愛情★★★★

經過一趟旅行後，與伴侶的感情變得更加深厚，兩人眼中只有彼此，總是互相爲對方著想，相處氣氛充滿甜蜜氛圍，令人稱羨！

功名★★★

不同領域的新挑戰，比起熟悉領域的深耕，也許更有發展性，不妨多方嘗試。正處於瓶頸者，也可果斷做出改變，將迎來意外收穫。

健康★★

當你感覺到體力有些下降，或是特別容易疲倦時，請多多休息，並吃得營養均衡，增強抵抗力，否則容易生病。

4月 April

事業★★

工作運勢稍差，可能會因爲一時不慎，導致違反法律規範，令公司面臨責罰。切記找有力人士協助，能幫助減輕損失。

財運★

雖然小有積蓄，但花錢若過於闊綽，經常衝動買下奢侈品，容易導致荷包消瘦，務必要節省些，將錢花在刀口上，才能守住財富。

5月 May

愛情 ★★

感情波折不斷，考驗著彼此間的感情是否堅定，如果不夠信任對方，輕信謠言，說出傷人的話，將會造成關係失和。

功名 ★

距離考試時間越來越近，考生的壓力也越大，可能因一次測驗成績不如意而沮喪，應調適心情，盡力補強弱科，才有望過關。

健康 ★★

不論是在工作場合或是家裡，都有可能被障礙物絆倒而受傷，行走時應多留意，建議將雜物淨空，保持整潔乾淨，自己看了也舒適。

事業 ★★★★

擺脫上個月的陰霾，職場運勢有所好轉，棘手問題也能及時解決。在無壓力的情況下，終於能全心投入專案，做出一番成果。

財運 ★★★

不論是正職工作或是斜槓事業皆有起色，收入漸增，讓你在分配資金上更有餘裕，可嘗試投入小額資金進場，將能小賺一筆。

愛情 ★★

感情上出現對你有好感的對象，容易讓人感到怦然心動，已有伴侶者應把持住，切勿與對方過於曖昧，否則到頭來兩頭空。

功名 ★★★★

等待已久的機會終於到來，像是爲你量身打造的，沒人比你更合適。此時不必太謙虛，當仁不讓地努力表現，將能讓自己更上層樓。

財運 ★★

面對各種優惠活動，一不小心就會花費過多，雖然花錢讓人開心，但還是要檢視一下開銷狀況，畢竟收入在短期內不會大幅增加。

健康 ★★

生活中頻頻出現意外，無論處於何處，應隨身備著常用藥品，一旦發生身體不適，即可及時處理，以小傷成大病。

愛情 ★★★

熱戀中的伴侶們，雖然很想天天見到對方，但適當地保持距離，反而會讓關係更佳，也能有空間消化負面情緒，避免影響另一半。

6月 June

事業 ★★★

即使情勢不利於己，只要肯用心，展現出最大的合作誠意，一定可以扭轉結果。切記時刻保持警惕，以避免遭他人截走成果。

功名 ★★

對於自身能力太過高估，主動承攬過多的業務，在時間的壓力下，產生了許多誤判，導致在爭取機會時，明顯居於弱勢，難有成功。

健康 ★

如果工作性質屬於高危險的類別，安全檢查務必做到確實，需要休息時別逞強，否則很可能受皮肉傷，甚至發生嚴重危害。

7月 July

事業 ★★★★

吉星相助，與職場上的女性同事、長官或客戶保持良好關係，關鍵時刻她們是能幫上忙的貴人，使行事一帆風順。

財運 ★★★

在善於理財長輩的無私分享下，買進趨勢向上的投資標的，報酬率頗豐，只要定期定額投入資金，就能累積一筆財富。

愛情 ★★★★

伴侶關係中，經常接收另一半的愛，他總是對你特別體貼和包容，令你感到無比幸福，也請以同樣的態度回報對方喔！

功名 ★★★★

在準備考試或爭取晉升過程中，雖然有些阻礙，但是憑藉著過去的努力與累積的經驗，能成功化解障礙，取得滿意的成果。

健康 ★★★

社交場合增多，且難以推辭，必須花費許多心力與人交流，加上天氣熱容易疲累，看起來氣色欠佳，建議多喝檸檬水，補充維生素C，保持身體的運作機能。

8月 August

事業 ★★★★

事業運是本月的一大亮點，優異的領導能力與統籌規劃技巧，讓你手上的每個專案都如期完成，成爲公司上下效法的對象。

財運 ★★★★

因爲工作表現亮眼，獎金或加薪讓進帳頗豐，加上先前的定存與投資收益，第一桶金能夠迅速達標，離置產夢想更靠近。

愛情 ★★★

即使工作忙碌，讓你稍微忽略另一半，幸好他目前都可以諒解。等忙完之後，記得抽空陪伴對方，好好享受兩人的相處時光。

功名 ★★★

表現較他人出色，令人對你心生嫉妒，甚至想扯後腿，使你不小心發生失誤，不過瑕不掩瑜，還是能穩健過關。

健康 ★★

如果還有小毛病困擾著你，應加快腳步治療，千萬別拖延，否則會衍生出更大的問題，到時候要處理就更加棘手了。

9月 September

事業 ★★★

如果沒有特殊因素，當工作上有輪調或外派機會時，不妨考慮接受，拓展視野，這份經驗對將來的升遷大有助益。

財運 ★★

日常開銷增加，事先若沒有做好理財規劃，先儲蓄再消費，將有花錢如流水的情形發生。

愛情 ★★★★★

紅鸞星動，有利於單身的朋友，想尋找伴侶的人，趕快付諸行動，多參與聯誼活動，將能遇見理想對象，迅速脫單喔！

功名 ★★

有時候光靠努力還不夠，也需要運氣才能成功，考試、升遷皆是如此，但別輕言放棄，換一種方法準備，有利追求更好的結果。

健康 ★★

控制住的疾病也許會再度復發，因此只要身體有出現小狀況，都不要輕忽，安排時間去做檢查，才能找出原因。

10月 October

事業 ★★★

職場挑戰不斷，如果你是負責外務性質的工作，可因積極走動帶旺運勢。趁此時好好表現，雖然很辛苦，但能讓長官留下深刻印象。

財運 ★

財運轉弱，請特別留意投資標的的走勢，容易有大起大落的狀況，如果無法承受較大風險，建議及時停損，保本爲要。

愛情 ★★

感情關係岌岌可危，若與伴侶有相處上的問題，建議找個時間和對方好好溝通，還是無法解決的話，也許分開對彼此都好。

功名 ★★★

當機會來臨時，不妨嘗試跨出舒適圈，甚至離開目前的生活區域，換個地方打拚，累積不同的經驗，才能邁向更大的舞台。

健康 ★★★

工作壓力頗大，建議適時地向親友抒發負面情緒，別悶在心裡，容易造成反效果。偶爾看喜劇片、聽個笑話，也有助放鬆心情。

11月 November

事業 ★★★★★

職場上貴人眾多，無論遇到什麼困難，都能迅速化解，圓滿達成任務，受到長官的表揚，可藉此機會多跟長輩們學習。

財運 ★★★★

有吉星守護，財運表現突出，可把握良機廣開財源，一舉賺進大筆財富，甚至累積到一桶金，可大幅提升生活品質。

愛情 ★★★★

感情漸入佳境，單身的朋友能找回自信心，在新朋友面前展現無限魅力，令對方深深對你著迷，開啟一場難忘的戀愛。

功名 ★★★★★

無論是想求內部升遷，或是想爭取佳績，憑藉著自身的努力，加上貴人的幫忙，最終能如願以償，邁向最高峰。

健康 ★★★★

身體狀況不錯，心靈上也感到非常富足，甚至有閒情逸致安排活動，帶著全家大小一起出門旅遊，享受快樂的時光。

12月 December

事業 ★★★

上班時間容易恍神，應給自己適當地休息再投入工作，會比硬撐來得好。多請同事們協助你，可以避免失誤，加速完成任務。

財運 ★★

天下沒有白吃的午餐，別被不合理的高薪誘惑，即使是熟人介紹的，也要多加查證，以免被對方詐騙，損失慘重。

愛情 ★★★

在感情關係中，總是有一方比較強勢，容易造成另一半的心理壓力。偶爾換對方主導，讓關係恢復平衡，感情才能長久。

功名 ★★

功名運勢驟降，在準備考試或爭取升職的過程中，明顯感受到諸多不順，讓你生起放棄念頭，導致最終成果不如預期。

健康 ★★

健康運暗藏危機，看似利多的投資，可能在你進場後情勢直轉急下，瞬間虧損不少，切勿自恃聰明，才能避免大破財。

1月 January

事業 ★★

工作會有因爲判斷有誤而出包的狀況，加上小人趁機散播謠言，讓你備感壓力。維持冷靜、堅定立場，就可順利度過危機。

財運 ★★

千萬不可聽信小道消息而進場投資，雖然看似會大賺一筆，實則暗藏危機，若貿然投入大額資金，恐會導致嚴重虧損。

愛情 ★★★

愛情的付出是雙向的，如需要另一半的支援或安慰，不妨大方地向對方說出，對方也會非常樂意給予你力量。

功名 ★★

面對課業或工作時，容易有忘東忘西、注意力不集中的現象，導致評測結果不佳，須盡速上緊發條，才能不被淘汰。

健康 ★★

工作壓力在無形之中帶來各種病痛，輕則肩頸僵硬，重則全身痠痛、精神不濟，建議多運動，適度紓解壓力。

2月 February

事業 ★★★

有貴人從旁相助，使你的工作漸上軌道，對於陌生的業務也更加地了解，有助於事業上的成長。

財運 ★★★★

如果有觀望很久且具增值潛力的商品，無論是基金、股票或是收藏品，都可開始入手了。小資族也有機會展開斜槓，讓荷包滿滿。

愛情 ★★★★

個人魅力大放光彩的月分！盡情表現自我，自然就能吸引到合適的對象來到你身邊，好好把握。

功名 ★★★

功名運勢上升，無論是學子或是上班族，都適合在本月報考測驗或檢定，有助於自身專業能力的提升。

健康 ★★★

因忙碌的生活，讓身體超過負荷而感到疲憊，建議明確地劃分上下班時間，在休息時間補足體能，使身心完全放鬆，才能有效恢復健康。

3月 March

事業 ★★★★

工作表現開始受到矚目，你也發揮了超乎自我的能力。處理事情時穩健積極，與你工作的同事無不對你好評滿滿，無形之中也提高了自己的聲望。

財運 ★★★

雖然有工作的穩定收入，但是本月交際應酬的社交活動較多，導致支出增加，須做好收支管理，以免入不敷出。

愛情 ★★★

雖然有不少異性在身邊，可是都沒有怦然心動的感覺，不妨可嘗試透過朋友介紹或是參加聯誼，也許能遇到心儀的對象。

功名 ★★★

只要願意多花時間和心力準備不拿手的科目，就能有所收穫。鍥而不捨地多學、多問，悉心研讀，便能有顯著的進步。

健康 ★★

親密家人的身體微恙，使你憂心忡忡，連帶影響到自身的健康。照顧他人前，須先照料好自己，唯有健壯的身心，才有餘力照護其他人。

4月 April

事業 ★★★

這個月職場會有些許變動，讓你感到擔憂。不過變動並非全然是壞事，說不定接受改動，反而可以獲得更多的發展空間。

財運 ★★

進財有所阻礙，不妨藉由分析每月的收支占比，並仔細檢視每一項投資項目，便可從中找出理財盲點，改善金流現況。

愛情 ★★★

雖然最近兩個人都很忙碌，時常無

法見面，不過只要保持頻繁的聯繫，即使每天只能以通訊軟體聯絡，感情也能維持穩定。

功名 ★★★

只要保持積極進取的心態，在扎實的基礎上持續進步，按照既定的學習計畫執行，就能取得佳績。

健康 ★★

健康運勢不理想，容易因季節交替而導致嚴重的過敏症狀，須盡早尋求醫療協助，避免衍生出更加重大的病症。

5月 May

事業 ★★★★

卯足全力拚工作的你，在事業上將有亮眼表現，你帶領的專案效率奇佳，成果非凡。但別忘了給自己喘息的空間，以免累壞了。

財運 ★★★

本月財運不錯，可著手研究適合自己的投資方式及標的，也可重新規劃資產配置的比例，有助於開源。

愛情 ★★

心動就要馬上行動！如果有心儀對象就要盡早抓住對方的心，動作太慢可是會被別人捷足先登的喔！

功名 ★★★

學習要在踏實中求進步，切莫想要追求速成。維持穩紮穩打、循序漸進的腳步才能更深入地學習。

健康 ★★

日常生活中，務必多加小心尖刀利器的使用，容易造成流血受傷的情形；也盡量避免出入複雜的場所，以免受到波及。

6月 June

事業 ★★★★

除了精進自我之外，也要多多拓展人脈，這個月很適合結交異業廠商，或與夥伴敲定合作案，都能有令人滿意的結果。

財運 ★★★★

財運大好，可藉著過人的投資直覺以錢滾錢，賺進另一桶金。想要發展副業者，現在也是開始行動的好時機。

愛情 ★★★

與戀人間的誤會說開了，雖然內心可能還有點疙瘩，不過終究會往好的方向發展，只要全然地信任對方，感情便會開花結果。

功名 ★★★★

能力備受矚目，因此向你提出的邀約非常多。如果有異地工作的機會，不妨多多考慮，將會是個打造另一番成就的契機。

健康 ★★★

心情可能會偶爾陷入低潮，或是感覺困頓，這時候好好放鬆一下，徹底休息後，自然就會思緒明朗、神清氣爽。

7月 July

事業 ★★★

工作上會出現變動，可能是升遷或轉職，甚至是有機會到國外工作。雖然一開始會需要適應，不過最終結果會是甜美的果實。

財運 ★★★★

偏財運非常好，無論是參加抽獎、買彩券等等，都會有較高的機率中獎；近期可嘗試進行短線操作，獲利將會令你滿意。

愛情 ★★

近期你會想要較多的個人空間，然而另一半也需要你的陪伴，雙方常因此有所爭執，只要好好溝通、互相體諒，就能找到適合彼此的相處模式。

功名 ★★★

面對即將來臨的考試，除了持續用心努力準備之外，也別過度熬夜，須適當休息，免得應試當天身體狀況不佳，影響考場表現。

健康 ★★

注意飲食習慣，盡量避免頻繁食用辛辣或刺激的食物，以免對腸胃造成負擔，進而影響整體健康。

8月 August

事業 ★★★

年長的女性是你職場的貴人！當遇到無法排解的困難時，多向女性主管或前輩尋求意見或協助，能令你茅塞頓開。

財運 ★★★★

投入股市的資金開始獲利，在此時多向理財專家請益，有機會趁勝追擊，以利滾利，使被動收入越來越多。

愛情 ★★★★★

想要脫離單身的朋友，這個月請睜大眼睛，你的另一半即將出現。已經有心儀對象的人，可以獲得對方的首肯，兩人共譜甜蜜戀曲。

功名 ★★

若想爭取升遷的朋友，需要再等候一陣子，上級尚在觀察你是否具有勝任高位的能力，因此切莫著急，沉穩地表現，機會終究會到來。

健康 ★★

手搖飲雖能暫時緩解壓力，但容易使脂肪與糖分快速積累，須控制每週的攝取量，以免對身體健康造成危害。

9月 September

事業 ★★★

以團隊名義洽談異業合作，其成功率遠大於使用個人名號；集結眾人的想法，可激盪出更有利於業界競爭的點子。

財運 ★★★

理性消費是致富的第一步，減少衝動購物與購買奢侈品，培養儲蓄習慣，就能快速存到一桶金！

愛情 ★★★★

感情運勢佳美，可藉由培養共同興趣讓感情升溫，就能像知己般相知相惜，體會到幸福美滿的滋味。

功名★★

求學之路應有始有終，保持一貫的積極與熱忱，並與同儕相互激勵、共同成長，才能常保學習動力，贏得好成績。

健康★★★

本月的應酬及聚會增多，在用餐時應避免高油、高熱量的餐點，也可在餐後勤加散步，藉以幫助消化。

10月 October

事業★★

工作上頻頻卡關，表現起伏不定且容易因粗心而出錯，務必要穩定下來，避免自亂陣腳，才不會出現更大的失誤。

財運★★

財運陷入困境，不宜從事以勞力換取錢財的副業或兼職工作，以免積勞成疾，額外多出一筆醫療開銷。

愛情★★★

精神和生理上的雙重疲倦，可以在愛情裡得到撫慰，對方能給你許多安慰，讓你得到向前的原動力，並得以重新出發。

功名★★

即便你的能力相當優秀，但是過於衝動的個性，讓你在爭取升職的路上被扣了不少分數。切記放軟身段、以和爲貴，你就是下一個職場新星。

健康★★

時值季節交替，天氣變化較大，稍有

不慎就容易導致感冒纏身，須注意保暖，多添衣服，如有不適應盡速就醫。

11月 November

事業★★

事業進展不順，延宕的專案進度令你焦慮不安，建議尋求上層協助，爲你增添更多人緣助力，難關自然迎刃而解。

財運★

偏財運不佳，投資時宜保守行事，不可貿然行動或是投入大量資金，否則錢財可能會有去無回。

愛情★★

工作壓力過大，讓你容易將情緒發洩在伴侶上，建議修正自身情緒化的缺失，才能令關係走得更長遠。

功名★

功名運勢欠佳，可在本月低調沉潛、精進自我，持續努力累積經驗與能力，同時也爲將來蓄積飛躍的能量。

健康★★

來自工作與感情上的煩惱令你悶悶不樂，也容易影響身體，導致四肢偶有病痛產生，建議多外出散心，方能改善。

12月 December

事業★★★★★

工作運如日中天！不僅長久以來的努力得到認可，新的專案也能獲得上層的鼎力相助，讓你喜迎豐碩成果。

財運 ★★★★

財運高漲，可嘗試進軍投資市場，將有意想不到的收穫。而收穫錢財的同時，也可多多行善布施，爲自己增添福報。

愛情 ★★★★

幸福洋溢的月分，可和伴侶共同討論未來藍圖，並籌劃雙方家長的見面事宜，就能朝人生的下個階段邁進。

功名 ★★★★★

亮眼的履歷與豐富的經驗，讓你的職場競爭力名列前茅，來自各方的邀約不斷，只要好好選擇下一個機會，你將能開創另一個事業高峰。

健康 ★★★

近期氣候嚴寒，早上出門時可穿著羽絨外套，並以毛帽保護頭部，預防冷風直吹，才不至於受寒著涼。

1月 January

事業 ★★★★★

事業好運到！近期有望在高階主管的引薦下，進入公司的決策中心實習，使你增添不少相關經驗，前途一片光明。

財運 ★★★★

財神來報喜！可嘗試和親友合夥開展副業，用心經營網路商城，就能爲自己開創多元財脈，讓進帳更加豐沛。

愛情 ★★★★★

單身者魅力無限，只要多參與部門聚會，將會吸引到許多好桃花；有伴者與伴侶相處融洽，即便有爭吵也能大事化小，小事化無。

功名 ★★★★★

長時間的準備與努力，終於有所收穫了！不論是考試或是晉升，你都榜上有名，得到令你滿意的好結果！

健康 ★★★★

農曆新年期間，飲食較爲豐盛，享受大魚大肉的同時，也別忘了補充蔬果，均衡飲食，才能更加健康。

2月 February

事業 ★★★★

你在工作上負責的業務，無論是專案或與客戶接洽，都能有很好的進展，使部門業績長紅，公司產品或服務在市場大獲成功。

財運 ★★★★

對財經訊息的敏銳度大增，如果有投資習慣，不妨在本月好好把握時運，將讓你大有斬獲，收穫頗豐。

愛情 ★★★

伴侶之間難免會有爭吵，而爭吵也是溝通方式的一種，不妨趁著這個機會把心結解開，才能讓感情走得更長久。

功名 ★★★★

能力備受矚目的這個月，容易收到各大公司的面試邀約，甚至讓你動了轉職的念頭，建議若有更好的收入與職位，不妨考慮看看。

健康 ★★★

休假日不妨跟家人或朋友出門，親近大自然，吸收山間的芬多精，就能維持良好的健康狀態。

3月 March

事業 ★★★★

職場好運來訪，可善用高層助力，積極開拓人脈或是補充專業能力與資源，替自己打好扎實的基礎。

財運★★★★

財運上升，本月的投資眼光相當精準，能使「錢」途明朗，將爲你帶來大筆進帳，收穫滿滿！

愛情★★★

在感情進展停滯時，可向朋友討論，透過衆人的集思廣益，將思索出絕佳妙方，令你跟心儀對象的關係更進一步。

功名★★★★

因成立讀書小組讓你的學習效率增高，只要好好把握此時期，擬定讀書計畫後便全力衝刺進度，將會有豐盛的收穫。

健康★★★

勤上健身房鍛鍊身體，強健體魄的同時，也可適度練習瑜珈，讓健康福運常伴左右。

4月 April

事業★★★★

因認眞踏實的個性，讓主管放心交付重責大任予你，你積極的態度也飽受衆人肯定，使你得以創下非凡的工作成就。

財運★★★

進財力道稍弱，近期應仔細審視收入與支出，避免不必要的開銷與花費，就有望突破財務瓶頸，迎來一線曙光。

愛情★★★

將溝通與交流的技巧落實於日常中，讓單身者可因此認識許多新朋友；有伴者則可和伴侶暢所欲言，拉近彼此距離。

功名★★★

功名運勢回溫，近期將面臨出國深造，

或是至外地出差的絕佳機會，可好好把握機運，創造嶄新局面。

健康★★★

因日常瑣事煩心，導致常有失眠的情況產生，建議尋求專業協助，切莫胡亂食用成藥，以免損害健康。

5月 May

事業★★★★

工作鴻圖大展，兼具謀略與智慧的你，可利用第二專長發展副業，開啟斜槓人生，爲自己多賺幾桶金。

財運★★★★

副業蓬勃發展，將爲你帶來一筆可觀的收入，讓你擁有充足資金，可以進軍金融市場，以錢滾錢，收穫豐沛財祿。

愛情★★★★

感情生活甜蜜繽紛，單身者有望在朋友聚會中，結識投緣的好對象；有伴者展現溫柔浪漫的一面，讓伴侶感動不已。

功名★★★★

本月的理解力大幅增強，將有望釐清學習盲點，並整合過往所學，一鼓作氣往前衝，成績將會令人驚豔。

健康★★

氣候逐漸炎熱，在外飲食須特別留心食材的新鮮度，以免將不新鮮的餐點入肚，造成腸胃不適，影響健康吉運。

6月 June

事業 ★★

職場工作量遽增，常令你忙得喘不過氣，建議適時婉拒額外的業務，以免延誤了原先的工作進度，得不償失。

財運 ★★★

財務穩定，不必爲金錢煩惱，一切均歸功於平時的勤加開源，只要加以節流，就能快速實現財富自由。

愛情 ★★

兩人的關係來到低潮期，經常產生摩擦和不愉快，不妨面對面好好溝通，或是尋求長輩居中協調，都有助兩人感情加溫。

功名 ★★

功名運不如預期，近期考試成績恐不盡如人意，亦不利升遷，建議持續精進自我，靜待機運到來。

健康 ★

炎夏來臨，出門在外須多補充水分、注重防曬，盡量避免在正中午時外出，以免曬傷或中暑。

7月 July

事業 ★★★

職場風波不斷，建議凡事以和爲貴、少說多做，才不至於蹚入渾水糾紛，無端招惹是非，影響職涯發展。

財運 ★★

財運不濟，近期不宜代人作保，或是借貸給不熟識的親友，以免求償無門，損失一筆錢財。

愛情 ★★★★

愛神降臨！和伴侶的相處時間變長，在日常生活中也能感受到另一半的體貼和尊重，讓你們的感情更加融洽。

功名 ★★★

穩定發揮實力，就可收穫佳績，千萬不可投機取巧，只要踏實、用心研讀學業，就能迎向成功。

健康 ★★★

本月容易因潮濕悶熱的夏季，而使體內濕氣較重，建議尋求中醫協助，同時多攝取蔬菜和水果，爲體內祛濕。

8月 August

事業 ★★

本月缺乏吉星相助，容易使事業成長趨緩，面對任務時若能勇於接受挑戰，才能突破自我，令主管對你刮目相看。

財運 ★★

投資效益遠遠不如預期，建議合理分配資金，不宜安排太多投資計畫，以免持續虧損。

愛情 ★★

兩人感情漸趨平淡，生活中激情不再，不妨藉由一起參加手作課程，重拾熱戀時期的甜蜜。

功名★★

由於準備時間不足，在匆忙應試的情況下，導致成績不慎理想，可將本次的挫折化為經驗，使下次的表現更為優異。

健康★

本月須注意心理健康，在忙碌的生活中，別忘了給自己喘息的空間，或是尋求專業心理諮商的協助，方能找回快樂。

9月 September

事業★★★★

工作迎來好運，在職場中將有得力貴人做靠山，可多留意工作場合中的女性主管、同事或客戶，她們將在你需要時助你一臂之力。

財運★★★

本月喜事較多，人情支出增加，包出去的紅包加起來是一筆不小的數目，雖然甜蜜的負擔較重，但是收穫了不少珍貴的情誼。

愛情★★★

兩人一起經歷了許多困難，感情漸趨穩定，也很習慣彼此的陪伴，建議可在日常生活中製造一些小驚喜，對感情增溫很有幫助。

功名★★★

由於來自父母的期許，讓你在求學之路上的壓力倍增，但只要多給自己一些自信，相信就能收穫好成果。

10月 October

事業 ★★★★

最近在工作上的表現頗受矚目，建議可適當展現你的專業成果，讓大家看到你的努力付出，方能得到應有的報酬與獎賞。

財運 ★★★★

財星高照，遠方的客戶特地來找你洽談合作案，不僅能談妥優渥的合作條件，還能使你進帳一筆豐厚的業績獎金。

健康 ★★★

本月不妨安排全身的健康檢查，好好了解自己的身體狀況，確認身體機能如常，才能常保健康好運。

愛情 ★★

雙方都過於在乎自己的面子，以至於在爭吵後，都不願意低頭道歉，使無謂的自尊心傷害了彼此的感情。

功名 ★★★

功名運回升，在學習上有任何疑惑，都可以勇敢地向老師或同學求教，便能獲得大力幫助，使你重新燃起學習熱忱。

健康 ★★★

因工作過於繁忙，導致飲食狀況頻頻出問題，須避免三餐不正常或是暴飲暴食，否則恐會對腸胃造成負擔。

11月 November

事業 ★★★

如果感覺工作有些沉重，可以爲自己安排一個小假期，適當的放鬆與休憩，再回到工作崗位，會發現更好的想法與創意。

財運 ★★★

進財管道多元！可善用自身的專業技能和天賦，在外包網站上接洽案件，讓你開拓豐沛財源，進帳滿滿！

愛情 ★★

本月容易出現與伴侶溝通不良、雞同鴨講的情況，須保持耐心，和另一半冷靜溝通，方能維持感情。

功名 ★★

學業倦怠期來襲，令你的學習之路缺乏動力，不妨休息一下，充飽電後再重新出發，將有助提升學習狀況。

健康 ★★

健康運下滑，近期容易有小病纏身的情況，應以食補養生，強化抵抗力以及活力，才能找回健康好運！

12月 December

事業 ★★★

工作上易有專案難以推展，遇到阻礙的情況，不過都還在你能應付的範圍內，只要沉著應對，就可平順度過。

財運 ★★

外出時須保管好財物，避免粗心大意而傷財。另外，投資方面容易大起大落，應適時停損，以免造成更多虧損。

健康 ★★

寒冬之時流感好發，須注意增強抵抗力，維持正常作息，並多攝取維生素D，才能降低患病機率。

愛情 ★★★

接近年末，雙方都比較忙碌，但只要互相惦記，即便只是簡短的一句問候，仍能讓感情保持甜蜜。

功名 ★★★

功名運仍有不小的進步空間，不可居功自恃，須上緊發條，別沉迷於手遊，想提升成績勢必要有所犧牲。

1月 January

事業★★★

準備好迎接工作上的變動吧！你將可能被外派至海外，或是轉調部門。別擔心，雖然動盪，但整體來說還是利多，不妨敞開心胸，勇於嘗試。

財運★★

農曆新年期間，親朋好友間可能相約打牌，但是偏財運不佳，可能會損財，記得不要投注太多資金，以免造成心理負擔。

愛情★★

近期和另一半經常意見不合，彼此間容易爲了小事而爭論，甚至說出傷人的話，應提醒自己保持理性，避免引發衝突。

功名★★★

學習上遇到未知的挑戰，恰好激起你的求知慾和學習熱情，只要抱持積極、樂觀的態度，就能順利解決難題。

健康★★

心情容易受到外在環境的影響，偶爾會覺得消極，建議多出門曬太陽，好好放鬆，有助回到最佳狀態。

2月 February

事業★★★★★

工作上如有神助，會有男性貴人助你

化險為夷，從合作機會到打通人脈，通通幫你打點好，只要細心執行，就能收穫精彩佳績。

財運 ★★★★

值得信賴的理財專家給予的建議，讓你收入大增。如果有在經營斜槓事業，也將有可觀的進帳，記得持續理財，累積財富。

愛情 ★★★

萬事如意的這個月，愛情也非常美滿甜蜜。無論是情侶或是已婚夫妻，兩人有了新的共同興趣，沉浸在分享的快樂中，幸福的模樣羨煞旁人。

功名 ★★★★

在師長的推薦下，原本實力不錯的你被派去參加比賽，更加受到矚目，請好好把握，展現自己最好的那一面，可望爭取榮耀。

健康 ★★★★

睡眠品質極佳，在精神充沛的情況下，白天精神飽滿，行事上更有動力，諸事順遂。

3月 March

事業 ★★★

在職場上應化被動為主動，爭取表現的機會，大顯身手，將能被主管看見你的能力與才華，有望升職加薪。

財運 ★★

本月的臨時支出較多，可能是房屋或汽車需要修繕，不得不動用預備金，導致荷包縮水，備感壓力。

愛情 ★★★

這個月跟另一半會有比較多的相處時間，可以好好規劃假期，安排約會餐廳或是出門旅行，都可以替感情加溫，創造甜蜜回憶。

功名 ★★

儘管你的專業能力夠優秀，不過在晉升路上，仍時常感到自己懷才不遇。建議多協助同事，以增加人脈，對升職將會大有幫助。

健康 ★★

身心壓力過大，容易恍神、感到疲倦無力，建議多休息，把握搭乘大眾運輸的時間閉目養神，有助消除疲勞、恢復體力。

4月 April

事業 ★★★★

因有吉星相助，事業再創高峰！工作上阻礙盡消，處處有貴人得助，讓你所主導的專案迅速完成，表現亮眼，令眾人嘆服。

財運 ★★★★

因爲工作表現良好，而有了豐厚的收入，令存款大幅增加。如果斜槓副業剛剛起步，收入也會超乎預期，可望收穫滿滿的財富。

愛情 ★★★★

單身者可以找到情投意合的對象，順利脫單；有伴者之間擁有著深厚的信任感，即使有謠言也能不攻自破。

功名 ★★★

閒暇時可多閱讀課外讀物，例如外文雜誌或小說，除了可以激發學習熱忱，或許還會在意想不到的時候派上用場。

健康 ★★★

心靈層面較脆弱，可透過宗教或藝術

找回生活的重心，或是透過靜心冥想，沉澱自我，運勢也能隨之提升。

5月 May

事業 ★★★★

本月腦筋靈活、點子多多，加上執行力強，只要做好縝密的計畫，便是你一展長才的大好機會。

財運 ★★★

財運穩定，但是跟人情有關的花費較多，別吝嗇，人脈就是財脈，有好的人脈才能活絡錢財。

愛情 ★★★

敞開心胸才能遇見良緣，緊閉心扉容易錯過好對象，不妨放下戒心，給自己一點時間，慢慢恢復熱情的心。

功名 ★★★

本月較無外來助力，需要靠自己勤學苦讀，成績才會有起色。只要擬定好讀書計畫，仔細執行，成績便能有所進展。

健康 ★★★

要活就要動，每週定時運動是常保健康的不二法門，早上起床後做點早操，有助提神和提升一天的運勢。

6月 June

事業 ★★★★

工作上會產生變動，像是部門改組、職位調動，抑或是將面臨轉換跑道的抉擇。可適時做出改變，創造嶄新的職涯發展。

財運 ★★★

雞蛋要放在不同的籃子裡，分散風險，

投資亦若是，可選擇不同的標的，以免重金砸入，導致虧損連連。

愛情 ★★★★

本月參加藝文活動，將有意想不到的桃花發展，可盡情釋放自己的魅力，活絡桃花磁場，就能吸引到好對象。

功名 ★★★

有計畫考試或爭取晉升的朋友，務必做好萬全的準備，因爲競爭者不少，考官也較爲嚴格，不過只要準備充分，達成目標並非難事。

健康 ★★

壓力較爲繁重，導致你肩頸僵硬、睡眠品質不佳。建議在睡前使用薰衣草精油，或是做瑜珈舒展，都有助緩解壓力。

7月 July

事業 ★★

工作上可能會遭遇無法預測的困難，讓你和整個團隊大受打擊。這時候若能放低身段，請求有力人士協助，就有機會突破困境。

財運 ★★

這陣子要特別小心，切勿輕信市場流言，投入過多資金在單一標的上，否則很容易賠本。同時，應懂得儲蓄，才能累積財富。

愛情 ★★

感情面臨考驗，容易因立場不同而起爭執，應提醒自己站在對方的立場思考，別堅持己見，才能避免無謂的衝突。

功名 ★

準備考試的朋友，因爲時間太少，考

取高分的機會較渺茫。雖然結果可能不如預期，但也能從中學到許多，有助於確立往後的準備方向。

健康 ★★

心情上的低氣壓，使你處理事情時往往提不起勁，身體也容易產生小毛病，建議別窩在家中，多出門曬曬太陽，可幫助恢復好心情。

8月 August

事業 ★★★★

在你的努力之下，終於擺脫失敗的陰霾，一切開始好轉！請持續保持動力，記取過往的經驗，更加投入工作，自然能夠成功。

財運 ★★★

財運轉旺，身邊有許多理財達人提供的實用建議，讓存錢變得更容易，但若沒有將好習慣持之以恆，可能很快又會故態復萌。

愛情 ★★★

這段期間身邊出現不少追求者，令你難以抉擇，建議先想清楚理想伴侶的條件，切莫與每個人都保持曖昧，才能擁有美好戀情。

功名 ★★★★

功名運揚升，在專業老師的教學下，能夠快速掌握考試重點，輕鬆考取高分。因此，如有明確的目標，就全力以赴吧！

健康 ★★★

心情有些鬱悶，但又說不出原因，也許是悶在家裡太久了，不妨安排一趟旅行，欣賞沿途美麗的風景，有益身心健康。

9月 September

事業 ★★

工作運起伏不定，雖然內心常感到憂慮，不過這也是一種歷練，學習如何在資源不足的情況下完成工作，也是一種能力的展現。

財運 ★★

情緒不穩，衝動性消費的次數過多，一不小心就將信用卡的額度用光，請謹慎衡量所有支出，否則很可能入不敷出。

愛情 ★★★

吵架並非壞事，重要的是能否解決問題，因此只要理性溝通，將能更了解彼此的心聲，各自退讓一步，和好如初。

功名 ★★

精神狀態較差，偶爾會恍神分心，錯過重要的資訊，考生們可能因此填錯答案，等發現時也來不及更正，導致成績不如預期。

健康 ★★

照顧家人的同時，也要照顧好自己，切勿過於逞強，以免身體吃不消。當身體出現各種不適，應及時找出原因，盡速治療。

10月 October

事業 ★★★★

工作上有前輩照應，讓你得以大展身手，發揮自己的長處，替團隊盡一份心力。多向他們學習，能幫助你進步神速。

財運 ★★★

財運時好時壞，應嚴格控管支出，切勿花錢如流水，先將應繳的費用付清，再規劃其他用途，才能安然度過震盪期。

愛情★★

經過了熱戀期，你會開始想要擁有自己的空間，卻被誤認為想疏遠對方，請謹慎表達，才能讓對方理解，挽回感情。

功名★★★

你將面臨高難度的挑戰，雖然壓力很大，但只要平常心應對，拿出最佳表現，仍有機會能通過考驗，取得好結果。

健康★★★

身體保養得宜，讓你免於病痛的困擾，唯獨心理創傷難以治癒，建議找信任的朋友傾訴，能使內心感到輕鬆許多。

11月 November

事業★★★★

憑藉著過人的果敢與機智，讓你在職場上脫穎而出，即使你不是最資深的前輩，也能獲得主導專案的機會，創下亮眼佳績。

財運★★★★

因為業績拔得頭籌，讓你收穫不少獎金進帳，請好好運用這些收入，分配部分資金來投資，讓錢幫你賺更多錢，切勿辜負好財運。

愛情★★★★

經過了許多的磨合過程，你們終於達到能輕鬆相處的階段了，這時戀愛的熱度不減，反而還更有默契，最適合好好享受戀情。

功名★★★★

近期公司將推出一系列的進修課程，讓你在工作閒暇之餘，還能持續精進自我，提升職場競爭力，對職涯發展大有助益。

健康★★★

健康運良好，早餐可試著食用全麥麵包、燕麥片或是輕食沙拉，能替身體攝取更多元的營養，將疾病阻絕在門外喔！

愛情★★★★

感情甜蜜繽紛，別忘了偶爾贈與對方驚喜小禮，並在日常生活中常常表達愛意與感激之情，就能使戀情長久甜蜜。

12月 December

事業★★★★

事業運騰飛！相識多年的好友加入你的團隊，讓你的團隊效益大幅提升，將有望締造職場奇蹟，創下史無前例的紀錄喔！

功名★★★

功名運稍弱，學習沒有捷徑，應時時腳踏實地，不斷汲取新知，並內化成自身的養分，才能提升實力與競爭力。

財運★★★

財運持平，在投資方面，可多參考專家的寶貴經驗與建議，讓你在選擇標的時，能選中趨勢向上的績優股，賺取額外收益。

健康★★

由於長期過度操勞，又加上熬夜惡習，令你的抵抗力大幅下降，建議調整作息、適度放鬆，才有助找回健康好運。

1月 January

事業★★

應留意職場上的應對進退，否則可能在無意間與同事產生摩擦，讓你被捲入職場糾紛中，耽誤了工作排程，得不償失。

財運★★

財運不濟，正財收入雖豐，但近期常出入朋友聚會，讓你在飲食方面的開銷直線上升，請務必節省開銷，以免入不敷出。

愛情★★★

浪漫是維繫感情的不二法門，可在平淡的日常中，以小禮物或燭光晚餐，爲戀情注入活水，使感情常保甜蜜。

功名★★

準備應考的學生，可和同學組成讀書小組，透過小組間的筆記分享，能更加了解各章節的重點，幫助學業進步。

健康★★

健康運下滑，當身體有發出任何徵兆時，可定時安排全身健康檢查，讓你防患未然，才不至於影響日後的健康。

2月 February

事業★★

因一時粗心而導致專案結果跟想像中有落差，建議勇於承擔錯誤，並負起責任收拾善後，將錯誤經驗化爲自身的養分。

財運 ★

出門在外時，可改成攜帶金融卡或信用卡，不宜在身上放太多現金，才不至於因精神恍惚而將錢包遺失，折損財富。

愛情 ★★

情緒與壓力對戀情帶來了影響，可試著和對方分享你的煩憂與難處，讓另一半也能明白你的困境，成爲你最堅強的後援。

功名 ★★

因陷於上次的失利低潮中，讓你被低落情緒縈繞，因而影響了做事效率，也使你的評價減分，考核成績不盡理想。

健康 ★★

工作壓力增大，讓你漸漸以油炸食物作爲紓壓管道，有損健康好運，建議應降低食用頻率，才不會讓身體過於負擔。

3月 March

事業 ★★★★

在高層的幫助下，讓你得以將腦內想法化爲實際行動，交出極具市場競爭力的商品提案，締造史無前例的輝煌紀錄。

財運 ★★★★

由於長久以來所堅持的儲蓄習慣，以及謹慎的投資態度，讓你獲得一筆豐厚的被動收入，財運興旺無比！

愛情 ★★★★

有伴者可和伴侶安排短程旅行，透過在外地旅遊的輕鬆氛圍，有助增進對彼此的了解，且能使感情急速加溫喔！

功名★★★★

功名運勢不可擋，在貴人的舉薦下，你順利獲得進入心儀公司的門票，只要在面試時發揮自身長處，便能如願以償！

健康★★★

在睡前半小時可停止使用3C產品，並靜下心來沉澱思緒，如此一來，便能讓你的睡眠品質好轉，擁有更健康的身體。

4月 April

事業★★

事業暗藏危機，專案項目問題頻生，令你不知所措、失去信心，建議及時向上層反映，才有助於改善現況。

財運★★

將友情視爲首位的你，容易對朋友出手過於闊綽大方，造成錢財流失，建議應做能力範圍之事，才不至於入不敷出。

愛情★★

在工作上承受極大的壓力，導致你容易將情緒遷怒於伴侶上，因此傷了雙方和氣，請務必向對方道歉，才有助修補感情。

功名★★

努力與回報不成正比，令你信心受挫、大受打擊，但只要做足準備，調整自己的狀態，跨越低潮後將迎來美滿結果。

健康★

健康運萎靡不振，在下樓梯或穿越馬路時，需要特別留心，才能避免跌倒或意外的產生，妨礙了健康好運。

5月 May

事業★★★

事業運良好，雖然工作上偶有棘手的狀況，但仰賴你優秀的危機處理，讓所有問題都能成功化險爲夷，專案也可順利進行。

財運★★★

金錢好運臨門，可從積蓄中規劃部分資金作爲投資之用，只要運用先前所習得的理財技巧，便可獲得額外進帳。

愛情★★★★

感情得愛神祝福，讓單身者與心儀對象情意相通，可在浪漫氛圍的加持下，向對方表達情感，就有望開展甜蜜愛戀。

功名★★★

在師長的建議下，大幅調整複習的範圍與內容，讓你做出萬全的準備，可從容應付下次的考試，獲取令你滿意的成績。

健康★★

近期氣候炎熱，出門在外時可多撐陽傘，或是勤擦防曬乳，才能避免陽光曝曬肌膚，造成皮膚紅腫曬傷。

6月 June

事業★★★★

由於穩健的行事風格，以及關懷下屬的暖心行爲，讓你備受衆人的愛戴與信賴，在事業上能得各方助力，順風順水！

財運 ★★★

近期將有人脈帶財的好運，可多聯繫以前的同學或故友，就有望開啟廣大人脈，讓你人脈通財脈，收穫滿意的收入。

愛情 ★★★

單身者可多參與朋友的唱歌聚會，透過富有情感的嗓音獻唱情歌，將有望吸引良緣靠近，讓你桃花朵朵開喔！

功名 ★★★★

功名運否極泰來，你的才能與專業已經在公司已經聲名遠播了，建議毛遂自薦，積極爭取升職，就有望登上事業巔峰。

健康 ★★

因工作需求長期久坐，導致常有腰酸背痛的情形發生，建議可多加運動伸展，在休假時也可選擇登山或健行的活動。

7月 July

事業 ★★★

事業倦怠期來臨，對於例行工作產生厭煩之感，不妨藉由和同事的交流與聊天，抒發自身苦悶，藉以找回工作熱忱。

財運 ★★

財運失勢，財務方面宜保守爲上，且須避免從事投機性的行爲，或是風險較高的投資，建議留住本金，將來才能創造獲利。

愛情 ★★★

愛情需要雙方一同經營和付出，在日常中可透過撒嬌來表達愛意，除了能帶給對方甜蜜的感覺，也能使感情更爲融洽。

功名★★★

幸得貴人好運加持，讓你在學業上屢次獲得師長與朋友的鼎力相助，加上你積極進取的性格，來日必收亮眼成果。

健康★★

請不要忽視身體發出的警訊，可至醫院做全身檢查，找出不舒服的主因，並配合醫生指示，才能找回健康的身體。

8月 August

事業★★★

因長年在職場上所累積的經驗，讓你的專業能力備受肯定，可抓緊機會多加展現，相信升遷就在不遠處囉！

財運★★★

因近期業務量繁多，導致你的加班時數也同步上漲，得以坐擁豐沛的加班費與補助津貼，奠下穩固的財務基礎。

愛情★★

熱戀期消退後，迎來了時常爭吵的磨合期，建議在情緒消退後，彼此各退一步，並溝通出解決方法，方爲良策。

功名★★★

雖然競爭對手很多，但你已經做了充足的準備，無論是書面資料或是個人狀態都十分亮眼，讓你得以如願過關。

健康★★

健康運不順，每日出門前應注意有沒有隨身攜帶雨具，以免突然降下大雨，讓你淋成落湯雞，而損害了健康運勢。

9月 September

事業 ★★★

事業運穩中求發展，應秉持著勤懇踏實的態度，對流言蜚語不必多加理會，只要全心全意投入工作中，便能創造事業良機！

財運 ★★★

各方面的收入都逐漸穩定，可以好好規劃後續的理財策略，相信不久後的將來，戶頭裡的金額有望翻倍成長！

愛情 ★★

情侶恐因出差而分隔兩地，導致戀情維持不易，雙方關係越發疏遠，建議常保聯繫，才不至於讓情感逐漸降溫。

功名 ★★★

功名競爭力倍增，透過在學時的資源，讓你習得不少專業能力，可於面試時稍加展現，便有望迎來錄取消息。

健康 ★★

工作壓力過大，讓你的精神狀態十分緊繃，甚至身體狀況也出現了些問題，建議盡早處理，才不會演變成更嚴重的問題。

10月 October

事業 ★★★

近期有望接獲不少外包案件，不僅能讓你累積經驗，也能使副業履歷更爲漂亮，吸引更多業者前來洽談合作事宜喔！

財運★★★

財運與過去幾個月相去不遠，堅持下來的儲蓄與節約習慣，讓你每逢關鍵時刻都有緊急備用金可以使用。

愛情★★

有伴者以另一半爲中心，過分的依賴讓伴侶時常喘不過氣，甚至懷念起單身時光，建議勤加溝通，方能尋得折中的方法。

功名★★

精心安排的讀書計畫不甚理想，讓你應試時處處碰壁，建議多與師長討論，便能化阻力爲助力，打出精彩的逆轉勝！

健康★★

因長期在外奔波，飲食較爲簡便，導致你無法攝取足夠的營養，建議日常可多補充營養品，才能將身體慢慢調整到最佳狀態。

11月 November

事業★★★

樂於助人的你，在完成自身工作後，總會主動協助進度較慢的同仁，不僅使部門的氣氛更爲融洽，也有助提升團隊效益。

財運★★

財運逐漸下滑，建議保持清醒的頭腦，切莫輕信親友們報明牌，以免砸重金投入後，虧損了財務老本。

愛情★★★★

雖然雙方相隔兩地，但都能透過視訊、照片或語音分享每日的所見所聞，令對方打入自己的生活圈中，甜蜜且浪漫。

功名★★★

功名運回溫，因準備充足且完善，即

使應試時較爲緊張，也不至於影響最後成績，甚至有望超常發揮喔！

健康 ★★★

只要繼續保持正常作息，在飯後至家中附近散步，並遠離菸酒誘惑，就能有效守護身體健康，讓你充滿青春朝氣。

12月 December

事業 ★★★★

事業運程一片光明，可善用自身的才華與美學天賦，爲專案增光添彩，使其得以蓬勃發展，收穫甜美豐碩的果實。

財運 ★★★

進財動力大增，由興趣發展出來的副業，讓你訂單滿載，嚐盡甜美的成果之餘，也增加了一筆可觀的收入。

愛情 ★★★

愛情穩定發展中，彼此的信任和默契，是感情存續的關鍵，適當的時候可以製造一點浪漫火花，增加幾分甜蜜。

功名 ★★★★

才華洋溢的你，可憑藉著自身的長處與才能，順利得到高階主管的青睞，讓你的晉升之路更加順遂。

健康 ★★★

身心不在最佳狀態，讓你時而有小病纏身，建議尋求醫生的專業診斷，而非胡亂食用成藥，使健康打了折扣。

1月 January

事業 ★★★★★

事業運騰飛，憑藉著豐富的經驗與人脈，讓你無論接手任何專案，都能順利交出亮眼成果，讓公司獲利良多。

財運 ★★★

財運升溫，可和親友們一同合夥創業，讓你開拓多元財脈，除了正財收益外，還能多出一筆額外的穩定收入。

愛情 ★★★

參與朋友聚會時，有機會覓得令你欣賞的對象，可抓緊機會多加表現，就能在對方心中留下良好的第一印象。

功名 ★★★★

功名好運來襲！若在學業上碰到瓶頸或困難，可請師長指點迷津，讓你能逢凶化吉，得到滿意的成績。

健康 ★★★

最近接收到不少對健康有益的訊息與知識，建議可好好參考，並活用在日常生活中，對身體健康也有所助益。

2月 February

事業 ★★★★

事業運勢不可擋！可乘著本月的強勢好運，把年度大型的合作專案敲定，並著手大方向的規劃，相信能締造輝煌佳績！

財運 ★★★

投資收益因受到大環境影響而不如預期，讓你少了一筆收入，但仰賴於先前良好的儲蓄習慣，財運影響甚乎其微。

愛情 ★★

應注意與異性的互動，並清楚劃清雙方的界線，以免讓另一半產生誤會，傷了雙方的感情與和氣，就得不償失了。

功名 ★★★★

過去累積的實戰經驗與工作經歷，是你最大的加分項目，只要再搭配上勤奮不懈的努力，就能使晉升機率大幅增加。

健康 ★★

身體有小毛病時，不應輕忽，有可能是過去的舊疾引發的，建議至醫院好好檢查確認，才有助找回健康好運。

3月 March

事業 ★★★

部門面臨改組，儘管你經驗豐富，但面對全新的工作，還是容易遇到阻礙，建議多參與進修課程，更能快速適應環境。

財運 ★★

家中可能會面臨一些突如其來的大筆開銷，例如修繕電器、購買家具等，讓你的錢財流失迅速，財運陷入困境。

愛情 ★★★

戀情進入穩定階段，可開始規劃與討論未來的藍圖，並讓彼此多加參與對方的家庭聚會，更有助感情長久幸福甜蜜。

功名 ★★

用心付出但並未得到相對應的成果，

讓你信心受挫，但不用太灰心，即使現在沒有回報，將來也一定會化辛苦爲碩果。

健康 ★★

由於疏於運動，加上近期應酬增多，讓你的身體有點不堪負荷，小毛病頻發，建議回歸良好習慣，別拖垮了身體。

4月 April

事業 ★★★★★

請拿出積極正向的態度，讓主管更願意對你施以援手，做你最可靠的後援，讓你能夠盡情發揮才能，走出屬於自己的路。

財運 ★★★★

財運興旺無比！可多觀閱財經新聞，並善用先前所存下的積蓄，做小額投資，便能以錢滾錢，加快財富累積的速度。

愛情 ★★★★★

愛情春風得意，恭喜你終於能牽起心儀對象的手，正式終結單身，可好好把握熱戀期，培養深厚的感情喔！

功名 ★★★★

在高階主管的引薦下，讓你得以一同參與晉升考試，可盡情展現你的能力與專業，相信升遷機會勝券在握。

健康 ★★★★

體能狀態十分健康！喜愛運動你的可在健身過程中找到樂趣，甚至想要挑戰新的運動項目，使體態更加完美。

5月 May

事業 ★★★★

事業鴻圖大展！近期有望接獲年度專

案，而你優秀的領導能力與新奇的構思，將能助你帶領團隊，完美達成任務。

財運 ★★★★★

可靠著自身的專業能力，並融合親友們的建議與提點，在網路上開展副業，增加進財管道，讓你坐擁豐沛財源。

愛情 ★★★

由於工作上過度忙碌，而減少陪伴另一半的時間，令伴侶心裡不是滋味，建議可透過訊息頻繁聯絡，才有助維繫感情。

功名 ★★★

雖因誤判試題走向而導致表現失常，好在準備充分，加上應試時臨危不亂的反應，讓你依舊有機會成功取得佳績。

健康 ★★★

雖然會有些疲倦和四肢痠痛的情況，不過均無傷大雅，只要適當休息就能完全恢復，使身體既健康又精神飽滿。

6月 June

事業 ★★★★

事業鴻福降臨！讓你有機會可以成爲團隊的領導者，並獲得衆多得力助手的鼎力相助，事業運程一片光明。

財運 ★★★

因在網路上刊登廣告，讓你的行銷策略大爲成功，斜槓事業也開始有起色，可望創造多元收入，獲利滿滿。

愛情 ★★★

愛情長跑多年，兩人相處漸漸像老夫老妻，能完全接納對方的大小習慣，可試著在生活中製造點浪漫，爲戀情注入活水。

功名★★★

由於錄取名額減少，導致你即便做了萬全準備，拿出最好的表現，還是沒有把握，甚至與正取名單擦肩而過，令人惋惜。

健康★★★

工作壓力增大，讓你時常睡不安穩，或產生失眠的情況，讓身體有些疲憊。建議適當放鬆心情，就有助找回健康好運。

7月 July

事業★★★

近期有機會被高層指派出差或至外地拓展業務，讓你一時無法適應，但只要保持平常心，就可以平穩地度過此時期。

財運★★★

偏財運興旺！能得資深理財專家指點，讓你在投資方面尋得績優股，進財順利無礙，獲利大幅增加，賺錢動力大漲！

愛情★★

感情運陷入低潮，單身者過於寂寞，錯把他人的陪伴當成愛情，導致容易錯付真心，換得一身傷痕，令人唏噓。

功名★★★

因履歷內容不夠豐富，讓面試官對你的專業能力有所質疑，可向其敘述過往經歷與自身長處，方可化解危難，應徵成功。

健康★★

健康運不順，在外行車時應注意交通安全，避免因急躁而搶快或違規闖紅燈，以免在無形中讓健康好運流失。

8月 August

事業 ★★★

近期有機會晉升管理階層，可透過體恤或關懷部屬的方式，讓你贏得下屬們的敬重與愛戴，於職涯發展有所助益。

財運 ★★★

財運持平，正財收入頗豐，但須特別留意來路不明的訊息，或是匿名的匯款資訊，以免受到欺騙，無故損失了寶貴的錢財。

愛情 ★★

愛情運低迷，單身者的擇偶條件過高，讓你錯過不少潛在的好桃花，建議放大眼睛檢視，或許良緣就在你身邊喔！

功名 ★★

本月的人員考核結果雖不盡理想，但可從中明白自身的不足之處，並加以鍛鍊和學習，相信有朝一日機會會屬於你。

健康 ★

健康運亮紅燈！請好好正視身體所發出的警訊，暫時放下工作，配合醫生所安排的療程，才不至於讓健康好運流失。

9月 September

事業 ★★

近期的加班及應酬比例逐漸攀升，讓你疲於應付，幾乎沒了自己的休息時間，也多少影響到工作效率，令事業陷入低潮。

財運 ★★

雖說有極強的賺錢能力，但同時也容易產生花錢如流水的狀況，建議日常的消費務必節省，想辦法開源節流才是長久之計。

愛情★★★

雙方感情始終如一，伴侶的支持與鼓勵是你生活中最大的動力，彼此如家人般扶持，同時也是對方心中的唯一歸屬。

功名★★

面試將成爲本月的最大考驗，讓你壓力過大、甚至發揮失常，建議可當作是吸取經驗，讓下一次的表現更爲穩健得體。

健康★

健康運下滑，因運動所造成的傷害尚未完全康復之前，請靜心調養，不要拉扯到傷口，以免影響身體復原的進度。

10月 October

事業★★★★

事業好運開張！可好好把握機會，在跨部門會議上，大膽提出富饒創意的巧思與想法，讓你獲得衆人一致的好評。

財運★★★

副業收入逐漸起色，加上正職工作有些微的調薪，使你的收益逐步增高，優渥的經濟條件，也會讓你的生活更舒適愜意。

愛情★★★

戀情進入下一階段，兩人決定一起生活，共建甜蜜家園，不過，生活中難免會有些摩擦，只要好好協調就有助改善。

功名 ★★★★

學習效率攀升！可望乘著本月的強勢好運，多方涉獵全項考科，並且對進階習題加以鑽研，就有很大的機會可以拔得頭籌。

健康 ★★★

健康運須留心，早上出門時應多穿一件外套，以免室內與室內的溫差過大，令你身體著涼，對身體健康有所影響。

11月 November

事業 ★★★★

工作表現優異，不僅自身別具才華，且能善用手邊的人脈資源，讓你在事業上如魚得水，仕途也順風順水！

財運 ★★★★

金錢運一飛衝天，若有觀望已久的投資標的或置產計畫，可分配部分資金著手實行，將有望開拓多元財脈，穩定入財！

愛情 ★★

兩人都被生活和工作壓得喘不過氣，對於感情顯得有點無力經營，建議互相坦承內心想法，才不至於讓情感逐漸流失。

功名 ★★★

在網路平台公開頗具競爭力的履歷，讓許多求職機會主動找上門，可從中篩選待遇優渥的公司，邁向新的職涯舞台。

健康 ★★

近期爲求方便，較常食用外食，但選擇商家時須特別留意，不宜挑選衛生狀況欠佳的店面，以免吃壞肚子，導致腸胃不適。

12月 December

事業★★★

事業運平穩，雖接獲棘手案件，但仍可以化險爲夷，順利突破困境，也讓你贏得了同僚的敬重，能力備受肯定。

財運★★★

可和知名網紅合作，提高品牌的曝光度與知名度，就有望讓你收穫大筆訂單及進帳，擁有令你滿意的副業收入。

愛情★★★

桃花能量豐沛，單身者可在同學會中，與熟識多年的故友相逢，雙方相談甚歡，有望迸出愛火，開展甜蜜愛戀。

功名★★★

功名運回溫，籌備國家考試或大型考試的考生，只要付諸努力就會得到相對應的回報，更有望獲得豐碩成果喔！

健康★★★

氣候嚴寒，除了應注意保暖外，也可多飲用熱騰騰的飲品，或透過藥膳料理做食補，讓你在寒冷的冬天，身心都暖呼呼的。

1月 January

事業★★★★

人脈大開，很適合進行商務洽談、簽約訂單，甚至是拓展市場，將會有女性貴人幫忙促成，讓你獲得公司的表揚。

財運★★★★

金錢運勢極佳，可以做些小額投資試水溫，測試自己的判斷力，若是獲利不錯，再加碼投入，有望賺進豐沛的財富。

愛情★★★

感情需要互相付出，若是另一半總是遷就你的喜好，偶爾也要換你配合對方，別立即拒絕，才能讓感情更長久。

功名★★★

當好機會來臨時，應及時把握，切勿拱手讓給他人，否則日後會後悔。雖然競爭者眾多，但只要做足準備，仍可嶄露頭角。

健康★★★

除了偶爾有憂鬱的情緒，導致胃口變差，其餘沒太大問題。切記安排適當的休閒活動，轉換心情外，對改善負面能量也有幫助喔！

2月 February

事業★★★★

積極的態度加上優異的執行力，讓長官對你刮目相看，將交派給你更重要的專案，讓你發揮領導天賦，交出卓越成果。

財運 ★★★★

工作上的好表現，讓獎金順利入袋，財富也跟著增加。若是想為自己買份保險，可以趁機安排，為退休提早做規劃。

愛情 ★★★

雖然感情很穩定，兩人對於未來也有共同目標，但生活需要新鮮感，可適時安排燭光晚餐約會，能夠留下美好的回憶。

功名 ★★★★

因為出色的經歷，讓許多知名學校向你拋出橄欖枝，不妨仔細評估後再做選擇，無論你到哪裡，將能開創新格局。

健康 ★★

健康運偏弱，切勿因為工作而忽略了健康，尤其經常加班的朋友，仍要吃點東西補充體力，才有更健康的身心來應對。

3月 March

事業 ★★★★

有吉星守護，任何困難都能迎刃而解，一路過關斬將。將這些經驗內化，除了避免同樣的狀況再度發生，也能讓實力更加強大。

財運 ★★★

雖有額外的收入進帳，但都是靠著辛勞付出而獲得，可別一時興起，就突然花大錢請客，應將錢先存起來，以備不時之需。

愛情 ★★★★★

愛神眷顧，如果你單身已久，身邊很

想有個伴，將有機會如願以償。因此，出門前應用心打扮，也許在轉角就能遇見理想對象。

功名★★★

面對重要的考核，即使你做了準備，但當正式上場時，卻還是容易緊張，平時只要多做練習，就不容易表現失常。

健康★★

天氣轉變之際很容易感冒生病，且難以康復，應特別留意溫差，穿著保暖衣物。若有任何不適，切勿忌諱就醫，否則情況會更加惡化。

4月 April

事業★★★

工作上將有不小的變動，可能是公司調動你的職務，乍看之下並非好消息，但長期來看反而是利多的，不妨考慮接受挑戰。

財運★★★

意外開銷增加，看著日漸減少的存款有些苦惱，但幸好仍有賺錢的機會，只要不怕辛苦，就能勉強打平收支。

愛情★★

各方面的動盪讓心情大受影響，無形間也波及到夫妻感情，關係變得冰冷。建議先讓彼此冷靜一番，有助於減緩衝突。

功名★★★

受到市場變動的影響，讓你與一些機會擦身而過，不必太過惋惜，只要調適好心情，再重新做準備，不怕沒有機會。

健康★★

心理壓力較大，容易造成內分泌失調，

女性朋友甚至影響月經週期，應多愛自己一點，適時放個假，有助恢復身心健康。

5月 May

事業★★★★★

無論是在新領域或熟識的領域耕耘，身邊的同事們都會主動給予極大幫助，成爲你最堅強的後盾，行事順風順水。

財運★★★★★

進財機會不斷，把握時機開拓財源，不論是和朋友合夥做生意，或開創適合自己的副業，都能賺取豐沛的收益。

愛情★★★★

愛情事業兩得意，生活多采多姿，單身者多參加聯誼活動，可望從中找到契合的對象；有伴者將另一半視爲最大的精神支柱，感情也更穩固。

功名★★★★

參加考試的朋友，在考前多做模擬測驗，將能幫助你掌握到基本分，正式上場時，若能不緊張，自然能發揮得宜，獲得好成績。

健康★★★★

無論精神或體力都處在極佳的狀態，請好好保持，養成規律運動的習慣，並順著生理時鐘作息，自然能夠精力充沛，展現健康風采。

6月 June

事業★★★

職場上最難防範的就是小人，尤其是表裡不一的人，在應對上要多留點心眼，別隨意洩漏機密文件，避免惹上麻煩。

財運 ★★★

財運不錯，有機會讓長輩出錢請客，享受到高級料理，犒賞自己的辛苦付出。此外，認眞聆聽理財專家的建言，將讓你獲益良多。

愛情 ★★

因爲不順心的事情接連而來，讓你偶爾會遷怒於伴侶，造成感情的磨損。記得找個機會好好彌補對方，才能讓感情回溫。

功名 ★★★

縱然你有過人的才華和實力，表現也備受肯定，但若太過高傲，會帶給他人負面觀感，其實只要多微笑，謙卑行事，自然可化敵爲友。

健康 ★★

健康運低落，應多注意行車安全，並保持安全車距，切勿分心處理其他事情，發生緊急狀況時才能及時反應，維護自身平安。

7月 July

事業 ★★★★

基於近來的好表現，有機會被主管重用，參與跨部門重要專案，這是展現能力的大好機會，請全力以赴，爭取最好的結果。

財運 ★★★

財運不差，在長輩的幫忙下，能夠順利找到適合的物件，完成置產的夢想。但切勿聽信小道消息就進場投資，以免造成損失。

愛情 ★★★

透過友人的開導，讓你想清楚很多事情，不再總是要求另一半，也會主動去付出，伴侶看見你的改變，也會更願幫忙。

功名 ★★★

辛苦了許久，終於等到展現實力的時候，雖然競爭者眾多，但你在師長的幫忙下，仍占有極大的優勢，只要順勢而爲即可。

健康 ★★

家中有較多紛擾，雖然不是你造成的，卻也讓心理承受不少的壓力。不妨約全家人一起欣賞影集，有助化解沉悶的氣氛。

8月 August

事業 ★★★

雖然你的聲望很高，也爲公司立下不少功勞，但若想提升自己的職位，還需做些突破，讓自己更進步，才會更受重用。

財運 ★★★

金錢運勢不差，能夠在本業上賺取額外獎金，但花費上也要控制，消費前事先規劃好預算，就能避免漏財，存下更多錢。

愛情 ★★★

兩個人開始一起生活後，互相習慣對方的存在，享受著下班有人等你回家，感情相當甜蜜，切記別太常加班，多陪伴侶共進晚餐。

功名 ★★

準備考試耗費許久時間，卻可能在最後階段，因爲臨時發生狀況而無法參加，雖然有些扼腕，但只能下次再努力。

健康 ★★★

保持健康的最佳對策，就是要恢復正常作息，切勿熬夜加班，否則很傷身。即便有血光之災，也能及時化解，降低傷害。

9月 September

事業 ★★★

面對職場上的變動，雖然初期不太能夠適應，需要時間去調適與磨合，但以長期來看，能夠累積經驗，對職涯發展頗有幫助。

財運 ★★★★

如果有想要投資的新標的，可以先投入較少的資金來測試收益，如果成效不錯，可以再加碼投資，賺取豐厚財富。

愛情 ★★★★

愛情好運上揚，不論是熱戀情侶還是老夫老妻，都能夠享受甜蜜的兩人世界，甚至經常安排旅遊行程，留下難忘的回憶。

功名 ★★★

多虧有貴人的提醒，讓你不至於遺忘重要的事情，及時趕在截止前交件，最終成果也不錯，讓你頓時安心不少。

健康 ★★

身體的老毛病又復發，讓你感到很困擾，不妨換個診療方式，也許會有更好的效果，千萬不能忽視，好好調養，以免病況惡化。

10月 October

事業 ★★

在工作上找不到成就感，常常心神不寧，導致容易犯下嚴重錯誤，進而被主管責罰。應適時排解負面情緒，才能解決問題。

財運 ★★

金錢會有虛擲的可能，千萬別爲了面子刷卡買下昂貴精品，造成經濟上的負擔，應謹慎規劃支出，才能守住財富。

愛情 ★★★

感情發展到了一個階段，開始安排與另一半的父母見面，記得事先準備好禮物，並注意該有的禮儀，自然能給對方家長留下好印象。

功名 ★★

因爲他人惡意誹謗，讓你在申請晉升或推薦函受到一些阻礙，但別擔心，只要盡好本分，一段時間後，謠言不攻自破。

健康 ★★

過於迷糊可能導致意外發生，如果會接觸到高溫的設備，時用時應注意安全，並隨時在身旁看顧著，以免發生危險和意外。

11月 November

事業 ★★★★

有吉星相伴，做任何事情都更有信心，也能以積極認真的態度，做出令人滿意的成果，表現備受主管讚揚。

財運 ★★★

財運持平，只要不追求華而不實的生財方式，就不易被詐騙，因此請腳踏實地地累積財富，在投資方面以保守爲佳。

愛情 ★★

和異性過從甚密，造成伴侶的誤會，使得關係有些疏遠，建議找機會解釋清楚，消除對方的疑慮，才能讓關係回穩。

功名 ★★★★

在師長的促成下，順利獲得寶貴的實習機會，應好好把握，可以從中學習到許多工作經驗，對日後發展大有幫助。

健康 ★★★

不論工作多麼忙碌，也要攝取足夠的水分，加速身體代謝，才能維持健康。同時，也不要經常憋尿，以免細菌感染，引起發炎。

12月 December

事業 ★★

無論是新的任務還是進行中的工作，都有不同程度的困難，讓你相當頭痛，也許短時間內無法解決，但仍要盡力去完成。

財運 ★★

財運易受到突發狀況影響，像是支付開刀手術的費用，這是一筆很大開銷，因此，平時應做好儲蓄規劃，讓生活品質不至於下降。

愛情★★★

當工作或生活上有不愉快的事情，不妨主動向另一半傾訴，讓他成爲你的避風港，替你分憂解勞，感情也會更加深厚。

功名★★

受到成績退步的影響，學習成效大打折扣，建議讓自己出門透透氣，轉換一下心情，有助提升精神，找回專注力，邁向成功。

健康★★★

健康狀況不穩，可能會有小手術要進行，甚至要住院幾天，但別太擔心，只要遵照醫師的指示，很快就能痊癒。

PART 3

2023

癸卯桃花年，掌握幸福好人緣

桃花祕法大作戰

二〇二三癸卯年恰逢桃花年，處處充滿愛的能量，渴求桃花人緣的朋友們宜善加把握，揮別過去，以開放的心態迎接幸福人生。

其實桃花不單指感情、婚姻，還包括貴人緣、人際關係等，涉及的範圍相當廣泛，因此人人皆需要在桃花年掌握滿滿的桃花能量！本章針對事業、感情、家庭三個主題進行探討，以簡單的數字測驗剖析你目前面臨的狀況，每次測驗的時間建議相隔三個月以上，緊接著再分享幾項吸引貴人良緣、維繫姻緣的妙招，讓每位朋友都能順利圓滿地度過桃花年！

事業貴人

近期在職場上會有貴人相助嗎？

人的一生會奉獻許多時間在工作上，在職場上除了要具備一身真功夫，如果能得到貴人的鼎力相助，將會事半功倍，平步青雲，更容易取得成功。倘若僅憑自己的力量力爭上游，就要花費更多心力，甚至是事倍功半。想知道近期在職場上會不會有貴人相助嗎？憑直覺在以下四組數字選一組，立刻揭曉你的貴人好運指數有多高：564、672、131、348。

564

貴人好運指數：80分

選到這組數字的朋友，你在職場上的貴人好運指數相當高！你將會受到主管的青睞，除了要歸功於你的勤奮表現之外，也要感謝主管的賞識，主管就是你的貴人。他將把更多重責大任交付予你，只要你好好表現，就能做出一番佳績，令主管大爲滿意，使你升遷有望。

672

貴人好運指數：100分

選到這組數字的朋友，恭喜你，你在職場上貴人親迎，小人遠離，貴人好運指數百分百！不論是主管或同事都會是你的貴人，他們將會爲你的工作帶來極大的助力，使你得以大展身手，你的亮眼表現將令衆人刮目相看。貴人也會在你有危難時出手相助，使你得以安然度過難關。

131

貴人好運指數：70分

選到這組數字的朋友，在職場上的貴人好運很不錯喔！主管很看好你，也願意給你表現的機會，只是你有時候不夠謹慎，不小心犯錯，會讓主管不敢重用你。想要出類拔萃，在職場上務必要細心、仔細地核對細節，如此一來，將會更受到長官的賞識與器重。

348

貴人好運指數：60分

選到這組數字的朋友要注意，目前比較沒有貴人的助力，要靠自己努力耕耘。遇到問題時不能當伸手牌，要先試著自己找出答案，天助自助者，接下來將會有同事或主管願意幫助你。但是不可過度依賴他人的幫助，否則會無法進步，導致能力在原地踏步。

求事業貴人小祕法

不論在職場或學校中，有些人彷彿自帶光芒，走到哪裡都大受歡迎，討人喜愛，有些人卻常感到身邊小人特別多，做事情阻礙重重，想要在新的一年貴人運暢旺，在職場上左右逢源嗎？現在就來告訴大家如何吸引貴人相助喔！

第一招 內外磁場提升，求職無往不利

千里馬需要伯樂賞識，才能成就大事，當今社會，人才濟濟，就算你擁有許多拿手本領，也要通過面試的重重關卡，才有機會進入夢寐以求的企業工作。若能增強自身氣場，讓自己如同迷人的鑽石般閃爍，自然能贏得面試官青睞，讓面試大加分，增加被錄取的機會。

◈開運步驟

①將以往工作時遇到不如意的事情，列在一張白紙上，然後燒掉，象徵除去穢氣。

②面試的前一週，請於早晨七點至八點時，面向太陽喝一杯加微量海鹽的陰陽水（一半的熱水加上一半的冷水），有助排除體內毒素，讓氣色更紅潤有精神，開啟好運能量。

③家中書房的左邊可擺放粉水晶的擺陣，並擦拭、觸摸水晶，感受它所帶給您的能量。

④在面試時，噴上帶有花香、果香的香水，讓清甜的香氣瀰漫空中，轉換不良磁場，放輕鬆去展現自我，自然能給面試官留下好印象。

◈開運小常識

早財庫時為早上七點至九點，如無法搶在「辰時」頭，於此期間進行亦可。上述的小祕法，若運用在職場運勢低迷時，也有加分作用。

第二招 贏得好人緣，行事更吃香

進入職場後，如何和同事們相處融洽，也是一大重要課題，若能在職場上建立好人緣，行事上就能獲得許多幫助，透過他人不吝的提點，也能夠迅速成長，將對職涯發展頗有助益！

◈開運步驟

①首先，準備一個圓形的花瓶，象徵圓滿、包容、和諧。

②將五種顏色（綠、粉、黃、白、紫）的水晶依序放進花瓶中，然後擺在辦公室或居家沖煞的牆角。

③花瓶外可綁上紅絲帶，增添陽氣，化解尖銳的煞氣，促進同事關係融洽，運勢鴻旺。

◈開運小常識

若感覺身邊小人很多，也可以運用此方法，或在家中書桌的右邊（白虎邊），放置迷你仙人掌，切記沒有犯小人者勿放，一旦小人遠離，宜盡速挪開，以免影響人際關係。

第三招 行事有靠山，前途無限寬

想在職場上站穩腳步，除了專業能力的展現，更要有貴人提拔，才能夠嶄露頭角，事業步步高升，在你遇到瓶頸時，這些貴人也會出面相助，幫助你順利度過難關。

◈開運步驟

①於桃花時酉時（晚上五點至七點），準備八顆桂圓，以熱水沖泡後飲用，象徵貴人來臨，事事圓滿。

②若不方便泡桂圓茶，也可將八顆桂圓放置紅包袋內，袋上寫上「貴人速到」，接著放在辦公桌的抽屜或電腦螢幕前，讓工作上有貴人來助。

◈開運小常識

紅色的桂圓五行屬火，火行有益於暢旺桃花人緣磁場，若是隨身佩戴紅色系的配件，如紅瑪瑙、紅寶石、紅繩飾品等，也有助於招來桃花貴人。

愛情姻緣

近期的愛情好運指數有多高？

迎來新的一年，又是新的氣象，不管是單身或是有伴，想必大家都很想知道最近的愛情好運會如何。想迎接新對象嗎？想知道身邊是否有值得發展的對象嗎？想了解心儀對象是否也對自己有好感嗎？憑直覺在以下四組數字選一組，測測你的愛情好運指數：523、277、652、151。

523

愛情好運指數：100分

選到這組數字的朋友，恭喜你，最近的愛情好運指數爆棚！你和心儀對象情投意合，就只差互相表白心意囉！你們的互動熱絡，只是對方可能有點害羞，不敢主動表白，不妨多給對方一些暗示，讓對方知道你的心意，這樣就有機會成爲人人稱羨的佳偶囉！

277

愛情好運指數：60分

選到這組數字的朋友，目前的愛情好運指數較爲低迷。你身邊的那個人並不是對你沒有好感，而是他對自己欠缺信心跟追求愛情的勇氣。建議你多展現親和力、釋出善意，主動跟他打招呼或是聊天，讓對方感受到你的溫暖，就能拉近彼此的距離囉！

652

愛情好運指數：80分

選到這組數字的朋友，最近的愛情好運指數很甜蜜喔！現在你身邊就有個好對象，你們情投意合，就等著你用心發掘！不過因爲你人緣好，很受歡迎，導致對方遲遲不敢主動靠近你。建議你收斂鋒芒，保持單純的交友關係，這樣眞愛才有勇氣接近你！

151

愛情好運指數：70分

選到這組數字的朋友，愛情好運指數相當不錯！你對愛情的直覺很敏銳，你感覺到身邊就有好幾個對象圍繞著你，而你的感覺並沒有錯，只不過要選出眞正適合自己的對象並不容易，建議你多觀察，多詢問長輩及朋友的意見，才能找到對的人喔！

求姻緣小祕法

新的一年即將到來，今年恰逢桃花年，處處繁花盛開，桃花能量滿盈，是締結良緣的完美時刻！想求姻緣的朋友，趕緊參考以下的求姻緣小祕法，讓你在桃花年裡，桃花朵朵開，譜寫一段幸福浪漫的戀曲。

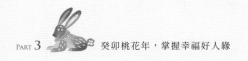

第一招 花瓣蠟燭泡澡，點亮繽紛情緣

許多朋友自身條件極佳，是衆所矚目的焦點，但苦於過於內向，不敢多和外人接觸，抑或是受生活圈所困，無法順利覓得良緣。而花朵蘊藏豐沛的桃花能量，可增添柔性魅力，讓你以花引花，吸引美好戀情上門，共同沐浴熱戀時光，幸福長久。

◈開運步驟

①選擇五顏六色的花瓣，並將其隨意散落水中，讓你洗個甜美浪漫的花瓣浴，收穫甜蜜繽紛的戀情！

②於水面上點燃浮水蠟燭，可替戀愛運勢增光添彩，照亮甜蜜愛戀。

③添加玫瑰入浴劑，象徵「愛情之花」加持護佑，有助活絡感情磁場，讓你天賜良緣，幸福滿分！

④將浴室燈關閉，閉眼靜心感受桃花能量縈繞自身，並默想理想對象的性格與條件，讓美好良緣與幸福戀情即刻到來！

◈開運小常識

桃花時辰爲：子時（半夜十一點至一點）、午時（中午十一點至一點）、卯時（早上五

點至七點）、酉時（傍晚五點至七點）。

第二招 心心相印，戀情長存

實踐第一招後，相信你已尋得理想中的心儀對象。而當美好姻緣來報到時，該如何把握機會，擁抱幸福，享受熱戀生活？請參考第二招，讓你與甜蜜愛意永隨永伴，天天幸福美滿！

◈開運步驟

①購買顏色較明亮的心形相框，如粉紅、桃紅色等，若買不到心型的相框，可改成帶有花朵的相框。

②可在相框內放上與心儀對象的甜蜜合照，讓彼此心心相印，如同同心樹般永結同心，愛意長存。

③女生可將相框擺放在床頭櫃的左邊，男生則是擺在床頭櫃的右邊。

◈開運小常識

相框中擺有合照，可營造甜蜜氛圍，有助維繫雙方感情，讓對方眼中只有你！此外，合照可常常更換，象徵時刻爲戀情注入活水，使彼此的關係一天比一天甜蜜融洽，感情日日新喔！

第三招 鎖定幸福姻緣，打造美滿愛戀

當第二招奏效後，雙方確定關係，從友情昇華爲戀人，緊接著就要把焦點放在如何緊鎖情緣，使彼此感情更加密切融洽，看著對方的眼神永遠充滿愛意，保有最初相戀時的美好，情誼永不變！

◈開運步驟

① 一同選擇適合彼此的對戒。

② 在桌上鋪上一層絨布，將對戒置於絨布上，並對著對戒許下戀情永固的祈願。

③ 互相爲對方戴上對戒，就能穩穩鎖住雙方的心囉！

◈開運小常識

無名指代表配偶的位置，男生可將對戒戴在右手無名指，女生則是戴在左手無名指上，就能將幸福繫於指尖，共享每一刻的歡欣浪漫。

家庭和諧

家人之間的和諧指數是多少？

俗話說的好：「家和萬事興」，只要家庭和諧，所有事情都會順利、興旺。我們都希望能擁有一個完整、和諧的家庭，家庭氛圍若能幸福美滿，便能諸事圓滿順遂。當我們展開雙手迎接新的一年之時，也期望家裡的氣氛能更加美好。現在就憑直覺從以下四組數字中選一組，測驗看看目前的家庭運勢如何：241、647、567、128。

241

家庭和諧指數：70分

選到這組數字的朋友，最近的家庭和諧指數平平。與家人相處時感情較為平淡，即使生活在同一屋簷下，也是井水不犯河水，各過各的生活。如果想要增添家庭和諧，不妨敞開心胸，與家人一同下廚，做一桌好菜跟家人享用，製造家庭和樂的浪漫氛圍吧！

647

家庭和諧指數：100分

選到這組數字的朋友，目前的家庭和諧指數非常幸福喔！你就是家裡的福星，可以興旺家庭氛圍，同時你也是家裡的開心果，只要有你在的地方就充滿歡笑。家中成員因你而更加團結，家庭氣氛也就隨之和諧。好好把握近期的好磁場，聚攏家庭成員的向心力，就能招來更多福氣與好運！

567

家庭和諧指數：80分

選到這組數字的朋友，近期的家庭和諧指數相當高喔！你是家中成員的貴人，家人遇到困難都會詢問你的意見，而你也很樂意幫忙。當你遇到困難的時候，家人也願意挺身而出幫助你，在互助、互敬的情況下，便能家和萬事興，也就會擁有令人稱羨的家庭和諧囉！

128

家庭和諧指數：60分

選到這組數字的朋友，家庭和諧指數不是很理想。家中成員或許會在今年因爲生活習慣不同而產生紛爭，需要你居中協調，在做和事佬的過程中務必要謹言愼行，免得因爲說錯話而得罪家人，導致家庭氛圍更不愉快。建議在溝通時不互相指責，以同理心爲出發點，站在彼此的立場思考，這樣才有助於家庭氣氛的和樂喔！

求家庭和諧小祕法

家，是一個人的根本，也是每個人最初幸福的來源。古人有云：「家和萬事興」，只要家庭成員彼此間互相體諒、互助友愛，就能讓居家變得更加溫暖和諧，家人們也能時刻懷有正面能量，各方運程自然興旺順遂。以下提供三招有助提升家庭和諧的小祕法，趕緊來看看吧！

第一招 明亮燈光護佑，闔家喜樂安康

明亮的光線是常保家運的不二法門，替家中敞開燈光，不僅可照亮各方運勢，也能讓家庭氣場維持順暢，若是居家環境的燈光過於陰暗，或光線不足時，家庭成員間的互動也會相對減少，運勢相對就會逐漸走下坡喔！

◈開運步驟

①選擇暖黃色或亮白色的燈泡，讓家庭成員如太陽般熱情洋溢，有益於催旺家中氣場，全方位提升家庭運勢！

②每天早晨可拉開窗簾，讓陽光灑落屋內，帶來充沛的正能量與陽氣，以及璀璨光明的好運！

③在晚上睡覺時，可在床頭點上一盞小燈，能以燈光照亮家庭和合，淨除不良穢氣，營造居家好氛圍，對家運有加分的作用。

◈開運小常識

當家中的陽光或光線匱乏之時，常會使人欠缺朝氣，成天病懨懨的，甚至有時還會產生憂鬱與不快樂的情緒，如此，也容易導致家宅的陰氣過重，因而將那份負能量與陰氣感染給家庭成員，造成家庭不和睦，家人間時常爭吵的情況喔！

第二招 圓形餐桌，家運圓滿

餐廳是一家人圍爐團聚的風水寶地，可凝聚全家人的向心力，使家庭和樂圓滿，家族運勢持續看漲！若是選擇正方形或長方形的餐桌，其尖銳的直角，容易讓親人間產生口角爭執，壞了家中和氣。

◈開運方式

選擇圓形餐桌，或是桌腳呈現圓弧形的餐桌，可促進家庭和諧融洽，使家人間和睦親愛。

◈開運小常識

每日用餐時間均和家人們一同在餐桌享用佳餚，便能活絡家族能量，使家運常保亨通，運程勢不可擋！

第三招 溫馨全家福，布置甜蜜家居

客廳是一家人情感的來源，平日裡大家時常和父母以及手足，在客廳一同嬉鬧、談天或是看電視等，但有時從氣場較雜亂的戶外回家，會帶回一些負面情緒，導致家運不穩、家宅不寧的情況，若是在客廳擺上一幅甜蜜的全家福，可增進家人間的情感，讓家庭關係幸福長久喔！

◈開運步驟

① 選擇或拍攝一張家庭成員都掛著笑容的溫馨全家福。
② 由全家人攜手將全家福掛在客廳的顯眼處，可護佑闔家喜樂安康，營造歡快的居家氛圍。
③ 也可在床頭櫃上擺上全家福的相框，讓你起床時第一眼就能看見家人，汲取滿滿的正能量，爲家庭增添融洽的氣氛！

◈開運小常識

高掛全家福，可使家中成員間的情感更加堅定與穩固，亦有助於化解居家煞氣，活絡一家的幸福好運喔！

PART 4

2023

喜兔年 開運農民曆

大家來看農民曆

農民曆是集結了古人的智慧結晶而著成的生活指南，在早期農業社會，人們多以農民曆為依歸，大從婚喪喜慶、祭祀祈福，小至剪髮、搬遷等日常瑣事，都會參考農民曆的指引來行事；而在現今社會，農民曆集生活經驗之大成，更是人們日常處事的重要輔助工具。綜合古今現代，農民曆於我們好處甚多，參考農民曆來行事可讓生活更加順遂，諸事圓滿。

以下就用簡單扼要的說明，教大家如何使用農民曆，在人生的重要大事上可做參考，幫助你趨吉避凶，行事無往不利。

❶ 每日宜忌

提親、嫁娶、置產、入宅等喜慶之事應選在吉日進行，每日的吉神凶煞各有宜忌事項，應以事件特性來挑選吉日。農民曆彙整了每日宜忌，可供隨時查閱。

❷ 選定吉日

吉日與吉時為基本的通用法則，但具體仍須以主事者的生肖來選擇，不能和當天的干支相沖。農民曆彙整了每日沖煞生肖的年齡，可做參考。

③ 挑選良辰

選定吉日之後便要挑選良辰，農民曆上已寫明「每日吉時」，可直接取用。如果欲求精準，可依主事者的生肖來選擇良辰，從每日吉時中選出和主事者生肖不沖煞的時辰即可。

農民曆實用資訊

農民曆包含 日期、節日、節氣、每日干支等

登貴吉時	顧名思義就是貴人要升天、登天之際，為該日最好的時辰。要做重大決定，建議選在此時。登貴吉時的吉祥程度更勝每日吉時，如逢相同時辰，更是喜上加喜。
每日吉時	每天的吉祥時辰，但吉利程度略差於登貴吉時。
宜忌事項	每天趨吉避凶的指南。
每日沖煞生肖	當天運勢較差的生肖，只要行事低調、待人謙卑，可求自保。
每日胎神占方	家有孕婦者，此方位不宜動。
喜神	每日喜神方位。
財神	每日財神方位。
每日福星	當天運勢最旺生肖，把握時運，全力以赴，便可萬事如意

宜忌事項名詞解釋

祭祀	指祠堂之拜拜，即拜祖先或廟宇的祭拜。
祈福	祈求神明降福或設醮還願之事。
開光	神佛像塑成後之點眼、供奉上位之事。
問名	男女雙方各取年庚，供於神案，經數日無事即可合婚。
訂盟	訂婚儀式，俗稱訂婚、文定、小聘。
提親	受男方或女方的委託，向對方提議婚嫁之事。
納采	締結婚姻的儀式，收授聘金，俗稱完聘、大定、大聘。
裁衣	裁製新娘的新衣，或指做壽衣。
安床	意指安置睡床，含安置新床或搬移舊床。
嫁娶	男娶女嫁，迎親之日，是舉行結婚大典的吉日。
移徙	意指搬家、遷移住所。
入宅	即遷入新宅，也就是新居落成。
安香	香火之安位，例如安土地公或堂上祖先神位。
出火	移動神明之位。
解除	指沖洗和清掃宅舍、解除災厄之事。
出行	外出旅行、觀光遊覽。
會親友	拜訪或宴請親友。
求醫治病	就醫治療或動手術。
開市	即開業利市，同「開幕」、「開工」之意，包括年初開始營業或開工及新設公司行號、新廠開幕等。
立券交易	訂立各種契約、買賣之事。
納財	購屋置產、進貨、收帳、收租、討債、貸款、五穀入倉等。
交車	點交新購之汽機車。
安機械	安置車床、機械等設備。
動土	陽宅建築時，第一次起鋤頭挖土、新基起蓋。
上樑	安裝建築物屋頂的樑木，西式建築指屋頂之灌漿。
破土	指陰居埋葬用的動土。
謝土	指建築物完工後，或是安葬後、墳墓完成時，所舉行的祭祀。
安葬	舉行埋葬等儀式。
破屋壞垣	拆除房屋或圍牆之事。
平治道塗	鋪平道路等維修工程。
修飾垣牆	修補、粉刷建築物的圍牆。
豎造全章	修造動土、豎柱上樑、開渠穿井、破屋壞垣、修飾垣牆、移徙等新造舊修之統稱。
鳳凰日 麒麟日	鳳凰日女性行事一切諸宜； 麒麟日男性行事一切諸宜。

民國112年開工、開市吉日

開工與開市是農曆年後極爲重要的一門學問，不論公司行號的規模大小，都會在農曆年後挑個良辰吉日進行開工與開市，祈求新的一年事業輝煌、生意興隆、前途璀璨光明。開工與開市多由負責人或營運主管親自操辦，並率領全體員工，以供品祭拜五路財神、土地公和地基主，祈求神明庇佑公司營運穩定、財庫豐收。

開工吉日

開工的吉日與吉時之選擇，應以公司行號負責人或重要的管理階層主管爲主，並且要避開與老闆、負責人和高階主管沖煞生肖。

開工吉時

開工的祭拜儀式宜在午時（上午十一點至下午一點）前進行，因爲午時前陽氣正盛，在午時祭拜可迎接天地正氣，有助催旺財運！

祭拜位置

宜在公司或商店門口的明亮處，擺放供桌與祭品，面對天空，誠心祭拜，祈請衆神護佑公司營運可期。

參與人員

由公司負責人或高階主管帶領全體員工一同誠心祭拜，祈求開工順利。

祭拜供品

供品包含鮮花與紅蠟燭各一對、香和香爐、茶或酒三杯、鞭炮一對、五種水果（鳳梨、蘋果、香蕉、橘子、棗子）及三色金（壽金三支、福金三支、刈金三支），亦可準備發糕、糖果和甜湯圓等供品，且可在上頭貼招財進寶、開工大吉等吉祥話，有助招來吉祥福運。

誠心祝禱

由主要祭祀者念誦祝禱文，向神明稟告今日開工開市的吉時、主祀者姓名、公司行號名字、公司行號地址等，祈請神明護佑，幫助開市順利。

祭祀流程

祭拜儀式完成後燒化金紙，點燃鞭炮，慶祝開工開市一鳴驚人，接著將三杯茶或酒向外潑灑，再收拾供品，發給員工分享，與員工共享福氣，使福運綿綿不絕。

其他事項

開工開市當天宜互相祝福，老闆應準備紅包發給員工，象徵大發利市、業績長紅。

民國112年癸卯年開市吉日、吉時

國曆日期	農曆日期	日干支	日沖生肖	開市吉時	時沖生肖
1/26(四)	1/5	甲申	沖虎26歲	卯時	沖雞43歲
				辰時	沖狗42歲
				巳時	沖豬41歲
				午時	沖鼠40歲
1/29(日)	1/8	丁亥	沖蛇23歲	午時	沖鼠64歲
2/1(三)	1/11	庚寅	沖猴20歲	卯時	沖雞31歲
				辰時	沖狗30歲
				巳時	沖豬29歲
2/2(四)	1/12	辛卯	沖雞19/79歲	卯時	沖雞19/79歲
				午時	沖鼠16/76歲
2/5(日)	1/15	甲午	沖鼠16/76歲	卯時	沖雞43歲
				辰時	沖狗42歲
2/14(二)	1/24	癸卯	沖雞67歲	卯時	沖雞55歲
				辰時	沖狗54歲
				巳時	沖豬53歲
2/17(五)	1/27	丙午	沖鼠64歲	卯時	沖雞19/79歲
				午時	沖鼠16/76歲

國曆	星期	節日	農曆	干支	每日登貴	每日吉時	宜忌	每日沖煞生肖	喜神	財神	每日胎神占方	每日福星
1	日	元旦	十二月初十	己未	子辰	子卯巳午	宜 祭祀、祈福、動土、安床、入殮、破土	牛 50	東北	正北	占門廁外正東	馬
2	一		十二月十一	庚申	亥巳	辰巳未申	宜 出行、沐浴、剃頭、開光、祈福、訂盟、提親、納采、嫁娶、安灶、入殮、火化會親友、掃舍宇、求醫治病 忌 開市 ◆鳳凰日	虎 49	西北	正東	碓磨爐外東南	蛇
3	二		十二月十二	辛酉	戌午	丑寅辰巳	宜 沐浴、掃舍宇、祭祀、開光、裁衣、安床灶、整手足甲	兔 48	西南	正東	廚灶門外東南	龍
4	三		十二月十三	壬戌	酉未	寅卯巳午	宜 祭祀、栽種、解除、納畜、開光、剃頭、問名、訂盟、提親、納采、裁衣、動土、破土會親友 忌 入殮、安葬	龍 47	正南	正南	倉庫栖外東南	兔
5	四	小寒	十二月十四	癸亥	未酉	子寅卯未	節前宜 沐浴、裁衣、安灶、斷蟻 ◆節後屬陰時故不取	蛇 46	東南	正南	占房床外東南	虎
6	五		十二月十五	甲子	巳亥	卯辰未申	宜 祭祀、沐浴、訂盟、納采、上樑、立券、交易、納財、納畜、入殮、火化、安葬、謝土、安床灶、安機械 忌 修灶、入宅	馬 45	東北	東南	占門碓外東南	牛
7	六		十二月十六	乙丑	辰子	寅卯巳申	宜 祭祀、解除 忌 拆灶、安葬、動土、破土 ◆日值季月紅紗正煞，宜事少取	羊 44	西北	東南	碓磨廁外東南	鼠
8	日		十二月十七	丙寅	卯丑	巳午酉戌	宜 沐浴、訂盟、提親、納采、出火、安床、移徙、入宅、安香、立券、交易、納財、破土、會親友、求醫治病 忌 拆灶、上樑	猴 43	西南	正西	廚灶爐外正南	豬
9	一		十二月十八	丁卯	丑卯	巳午未戌	宜 入學、出行、訂盟、提親、嫁娶、安床、開市、立券、交易、納財、交車、栽種、入殮、火化、安葬、會親友	雞 42	正南	正西	倉庫門外正南	狗
10	二		十二月十九	戊辰	亥巳	巳未申酉	宜 祭祀、修飾垣牆、平治道塗 忌 出火、移徙、入宅、作灶	狗 41	東南	正北	房床栖外正南	雞
11	三		十二月二十	己巳	子辰	巳午申酉	宜 納畜、祭祀、祈福、入學、剃頭、嫁娶、出火、動土、移徙、入宅、安香、會親友、安機械、安床灶	豬 40	東北	正北	占門床外正南	猴
12	四		十二月廿一	庚午	亥巳	丑寅未申	宜 祭祀、出行、沐浴、剃頭、祈福、納畜、入學、訂盟、提親、嫁娶、動土、安床、入殮、火化、安葬、會親友 忌 探病	鼠 39	西北	正東	占碓磨外正南	羊
13	五		十二月廿二	辛未	戌午	寅卯午申	宜 祭祀、解除、破屋壞垣 ◆日值月破大耗日，宜事少取	牛 38	西南	正東	廚灶廁外西南	馬
14	六		十二月廿三	壬申	酉未	子卯辰巳	宜 沐浴、剃頭、栽種、出行、問名、訂盟、提親、開市、立券、交易、納財、交車、入殮、火化、安葬、會親友	虎 37	正南	正南	倉庫爐外西南	蛇
15	日		十二月廿四	癸酉		子丑辰巳	宜 祭祀、沐浴、解除、入殮、火化、安葬、整手足甲 忌 吉事	兔 36	東南	正南	房床門外西南	龍

31	30	29	28	27	26	25	24	23	22	21	20	19	18	17	16
二	一	日	六	五	四	三	二	一	日	六	五	四	三	二	一
									春節	除夕	大寒				
正月初十	正月初九	正月初八	正月初七	正月初六	正月初五	正月初四	正月初三	正月初二	正月初一	十二月三十	十二月廿九	十二月廿八	十二月廿七	十二月廿六	十二月廿五
己丑	戊子	丁亥	丙戌	乙酉	甲申	癸未	壬午	辛巳	庚辰	己卯	戊寅	丁丑	丙子	乙亥	甲戌
	戌辰	子寅	寅子	亥時	辰戌		申午	酉巳	辰時	亥卯	戌巳		卯丑	辰子	巳亥
巳午申酉	丑辰巳未	寅卯午未	卯巳午酉	丑寅辰巳	卯辰巳未	卯巳午未	寅卯巳未	寅午申酉	丑未申酉	子午未申	丑巳午未	巳午酉亥	丑辰巳申	寅卯未申	寅卯午未
宜 祭祀、解除、交易、安宅舍 忌 入宅	宜 祭祀、沐浴、裁衣、安床、立券、交易、入殮、火化、安葬、謝土	宜 入學、沐浴、祭祀、祈福、訂盟、提親、安床、移徙、入宅、安香、開市、交易、納財、會親友、求醫治病 忌 安葬	宜 祭祀 忌 修灶、作灶	宜 祭祀、解除、入殮、破土、火化、安葬、求醫治病 忌 吉事	宜 沐浴、剃頭、栽種、訂盟、提親、嫁娶、安灶、移徙、入宅、安香、開市、交易、納財、火化、安葬、會親友 忌 祭祀、祈福、謝土、安床	宜 祭祀、破屋壞垣 ◈ 日值月破大耗日，宜事少取	宜 沐浴、剃頭、祭祀、祈福、出行、嫁娶、安床、移徙、入宅、安香、入殮、火化、安葬、會親友、整手足甲 忌 探病	宜 祭祀、納畜、入學、問名、訂盟、提親、納采、嫁娶、會親友 忌 開市、安葬 ◈ 鳳凰日	宜 祭祀、裁衣、安床、平治道塗、修飾垣牆	宜 入學、提親、納采、裁衣、嫁娶、安床、開市、立券、交易、納財、納畜、會親友 忌 探病	宜 沐浴、剃頭、訂盟、提親、嫁娶、移徙、入宅、安香、開市、交易、納財、火化、安葬、安床門、會親友 忌 作灶	宜 祭祀、解除、安宅舍 ◈ 日值季月紅紗正煞，宜事少取	宜 祭祀、沐浴、裁衣、安床、立券、交易、納財、入殮、火化、安葬、謝土、安機械 忌 作灶、開光、修灶	宜 祭祀、入學、沐浴、祈福、剃頭、訂盟、提親、移徙、入宅、安香、開市、交易、納財、會親友、安床灶 忌 動土、栽種、嫁娶	宜 祭祀、開光、祈福、作灶、栽種 忌 開市、破土、安葬
羊 21	馬 22	蛇 23	龍 24	兔 25	虎 26	牛 27	鼠 28	豬 29	狗 30	雞 30	猴 31	羊 32	馬 33	蛇 34	龍 35
東北	東南	正南	西南	西北	東北	東南	正南	西南	西北	東北	東南	正南	西南	西北	東北
正北	正北	正西	正西	東南	東南	正南	正南	正東	正東	正北	正北	正西	正西	東南	東南
占門廁外正北	房床碓外正北	倉庫床外西北	廚灶栖外西北	碓磨門外西北	占門爐外西北	房床廁外西北	倉庫碓外西北	廚灶床外正西	碓磨栖外正西	占大門外正西	房床爐外正西	倉庫廁外正西	廚灶碓外西南	碓磨床外西南	門雞栖外西南
鼠	牛	虎	兔	龍	蛇	馬	羊	猴	雞	狗	豬	鼠	牛	虎	兔

國曆	星期	節日	農曆	干支	每日登貴	每日吉時	宜忌	每日沖煞生肖	喜神	財神	每日胎神占方	每日福星
1	三		正月十一	庚寅	戌辰	午未酉戌	宜 會親友、沐浴、剃頭、栽種、解除、整手足甲、納畜、入學、出行、求醫治病、問名、訂盟、提親、納采、嫁娶、立券、交易、納財、交車、入殮、破土、火化、安葬 忌 作灶	猴 20	西北	正東	碓磨爐外正北	豬
2	四		正月十二	辛卯	巳時	寅午未申	宜 入學、出行、裁衣、嫁娶、會親友、安床、開市、立券、交易、納財、交車、斷蟻、入殮、火化、安葬 忌 上樑 ◆ 麒麟日	雞 19	西南	正東	廚灶門外正北	狗
3	五		正月十三	壬辰		卯巳申酉	宜 平治道塗 忌 入宅	狗 18	正南	正南	倉庫栖外正北	雞
4	六	立春	正月十四	癸巳	午申	子丑卯巳	節前 宜 會親友、安機械、納畜、祭祀、開光、入學、剃頭、問名、訂盟、提親、納采、裁衣、出火、上樑、安床、移徙、入宅、安香。節後 宜 平治道塗、作灶 忌 開市、安葬	豬 17	東南	正南	占房床房內北	猴
5	日	元宵節	正月十五	甲午	辰戌	寅卯未戌	宜 祭祀、會親友、出行、安機械、祈福、納畜、問名、訂盟、提親、納采、裁衣、出火、動土、上樑、安床、移徙、入宅、安香、開市、立券、交易、納財、交車	鼠 16	東北	東南	占門碓房內北	羊
6	一		正月十六	乙未	卯亥	子寅卯午	宜 祭祀、提親、納采、裁衣、嫁娶、出火、安床、移徙、入宅、安香、入殮、火化、安葬、謝土 忌 破土	牛 15	西北	東南	碓磨廁房內北	馬
7	二		正月十七	丙申	子時	辰巳午酉	宜 祭祀、沐浴、求醫、治病、掃舍宇、解除、破屋壞垣 ◆ 日值月破大耗日，宜事少取	虎 14	西南	正西	廚灶爐房內北	蛇
8	三		正月十八	丁酉	子寅	辰巳午酉	宜 祭祀、出行、沐浴、掃舍宇、祈福、解除、整手足甲、納畜、開光、入學、問名、訂盟、提親、納采、裁衣、嫁娶、出火、動土、上樑、移徙、入宅、安香、納財、交車、入殮、破土、火化、安葬、謝土 忌 作灶	兔 13	正南	正西	倉庫門房內北	龍
9	四		正月十九	戊戌	戌時	卯巳午未	宜 斷蟻、入殮、破土、火化、安葬 忌 諸吉事、入宅 ◆ 日值受死日忌諸吉事	龍 12	東南	正北	房床栖房內南	兔
10	五		正月二十	己亥	亥卯	寅卯午未	宜 祭祀、會親友、沐浴、安機械、祈福、剃頭、問名、訂盟、提親、納采、裁衣、安床、栽種 忌 作灶、嫁娶、安葬	蛇 11	東北	正北	占門床房內南	虎
11	六		正月廿一	庚子	戌辰	辰未申酉	宜 祭祀、沐浴、開光、祈福、出行、剃頭、提親、納采、嫁娶	馬 10	西北	正東	占碓磨房內南	牛
12	日		正月廿二	辛丑	酉巳	寅巳午申	宜 祭祀、祈福、入殮、火化、安葬、謝土	羊 69	西南	正東	廚灶廁房內南	鼠
13	一		正月廿三	壬寅	午時	子卯巳午	宜 會親友、裁衣、解除、納畜、上樑、安床、立券、交易、納財、入殮、火化、安葬 忌 探病、問名、訂盟、提親、納采	猴 68	正南	正南	倉庫爐房內南	豬
14	二	情人節	正月廿四	癸卯	午申	卯巳未戌	宜 會親友、出行、沐浴、剃頭、掃舍宇、解除、整手足甲、祭祀、開光、祈福、入學、問名、訂盟、提親、納采、裁衣、嫁娶、安機械、出火、動土、上樑、安床、移徙、入宅、安香、開市、立券、交易、納財、交車、入殮、破土、火化、安葬、謝土 忌 作灶、求醫治病	雞 67	東南	正南	房床門房內南	狗

28	27	26	25	24	23	22	21	20	19	18	17	16	15
二	一	日	六	五	四	三	二	一	日	六	五	四	三
二二八和平紀念日									雨水				
二月初九	二月初八	二月初七	二月初六	二月初五	二月初四	二月初三	二月初二	二月初一	正月廿九	正月廿八	正月廿七	正月廿六	正月廿五
丁巳	丙辰	乙卯	甲寅	癸丑	壬子	辛亥	庚戌	己酉	戊申	丁未	丙午	乙巳	甲辰
丑時	丑亥	寅戌	卯酉	巳時	未巳	申辰		戌寅	酉辰	子時	寅時		辰時
丑巳午申	巳午申酉	卯未申戌	丑寅午未	子卯巳酉	卯辰巳申	寅卯午未	寅卯午未	辰巳午申	丑辰巳午	卯巳午酉	巳未酉戌	寅卯申酉	寅未申酉
宜 平治塗道、修飾垣墻 忌 作灶、安葬、上樑	宜 會親友、出行、安機械、解除、納畜、開光、問名、訂盟、提親、納采、裁衣、嫁娶、安床	宜 沐浴、剃頭、掃舍宇、解除、整手足甲、祭祀、祈福、出行、求醫治病、問名、訂盟、提親、納采、裁衣、會親友、作樑、出火、動土、上樑、安床、移徙、入宅、安香、開市、立劵、交易、交車、入殮、破土、火化、安葬、謝土 忌 探病、作灶	宜 會親友、立劵、交易、納財、納畜、裁衣 忌 嫁娶、上樑、探病	宜 祭祀、裁衣、安機械、安床、入殮、火化、安葬、謝土 忌 問名、訂盟、提親、納采、入宅	宜 祭祀、會親友、出行、沐浴、栽種、祈福、解除、開光、剃頭、整手足甲、求醫治病、問名、訂盟、提親、納采、嫁娶、動土、安床、破土 忌 上樑、移徙、入宅、開市	宜 祭祀、會親友、沐浴、安機械、栽種、祈福、解除、開光、剃頭、問名、訂盟、提親、納采、裁衣、出火、動土、上樑、安床、移徙、入宅、安香 忌 嫁娶、安葬	宜 斷蟻、入殮、破土、火化、安葬 忌 上樑、入宅	宜 祭祀、沐浴、剃頭、掃舍宇、開光、祈福、出行、裁衣、出火、動土、上樑、移徙、入宅、安香、入殮、破土、火化、安葬、謝土 忌 作灶 ◆鳳凰日	宜 祭祀、沐浴、掃舍宇、解除、破屋壞垣	宜 祭祀、會親友、栽種、祈福、解除、納畜、出行、問名、訂盟、提親、納采、裁衣、嫁娶、出火、動土、上樑、安床、移徙、入宅、安香、入殮、破土、火化、安葬、謝土	宜 祭祀、會親友、出行、安機械、栽種、祈福、解除、納畜、沐浴、問名、訂盟、提親、納采、裁衣、嫁娶、出火、動土、上樑、安床、移徙、入宅、安香、開市、立劵、交易、納財、交車、入殮、破土、火化、安葬、謝土	宜 作灶、平治道塗	宜 會親友、安機械、裁衣、安床 忌 嫁娶
豬 53	狗 54	雞 55	猴 56	羊 57	馬 58	蛇 59	龍 60	兔 61	虎 62	牛 63	鼠 64	豬 65	狗 66
正南	西南	西北	東北	東南	正南	西南	西北	東北	東南	正南	西南	西北	東北
正西	正西	東南	東南	正南	正南	正東	正東	正北	正北	正西	正西	東南	東南
倉庫床 外正東	廚灶栖 外正東	碓磨門 外正東	占門爐 外東北	房床廁 外東北	倉庫碓 外東北	廚灶床 外東北	碓磨栖 外東北	占大門 外東北	房床爐 房內東	倉庫廁 房內東	廚灶碓 房內東	碓磨床 房內東	門雞栖 房內東
猴	雞	狗	豬	鼠	牛	虎	兔	龍	蛇	馬	羊	猴	雞

國曆	星期	節日	農曆	干支	每日登貴	每日吉時	宜忌	每日沖煞生肖	喜神	財神	每日胎神占方	每日福星
1	三		二月初十	戊午	酉卯	寅巳午未	宜 祭祀、會親友、安機械、祈福、納畜、入學、問名、訂盟、提親、納采、裁衣、嫁娶、出火、上樑、安床、移徙、入宅、安香、開市、立券、交易、納財、交車、入殮、火化、安葬、謝土 忌 開光、破土	鼠 52	東南	正北	房床碓 外正東	羊
2	四		二月十一	己未	戌寅	子卯巳午	宜 問名、訂盟、提親、納采、嫁娶、會親友、動土、入殮、破土、火化、安葬 忌 安床、入宅 ◆麒麟日	牛 51	東北	正北	占門廁 外正東	馬
3	五		二月十二	庚申	酉卯	辰巳未申	宜 求醫治病、破屋壞垣 ◆日值月破大耗日，宜事少取	虎 50	西北	正東	碓磨爐 外東南	蛇
4	六		二月十三	辛酉	申辰	丑寅辰巳	宜 祭祀、沐浴、入殮、破土、火化、安葬、謝土	兔 49	西南	正東	廚灶門 外東南	龍
5	日		二月十四	壬戌	未巳	寅卯巳午	宜 祭祀、解除、入殮、破土、火化、安葬 忌 諸吉事、嫁娶、上樑、祈福 ◆日值受死日忌諸吉事	龍 48	正南	正南	倉庫棲 外東南	兔
6	一	驚蟄	二月十五	癸亥	未時	子寅卯未	節前 宜 祭祀、沐浴、剃頭、作灶、栽種 節後 宜 祭祀、入學、沐浴、問名、訂盟、提親、納采、裁衣、出火、動土、上樑、安床灶、移徙、入宅、安香、立券、交易、納財、栽種	蛇 47	東南	正南	占房床 外東南	虎
7	二		二月十六	甲子	卯酉	卯辰未申	宜 祭祀、沐浴、剃頭、嫁娶、栽種 忌 入宅、上樑	馬 46	東北	東南	占門碓 外東南	牛
8	三	婦女節	二月十七	乙丑	寅戌	寅卯巳申	宜 祭祀、會親友、出行、求醫治病、祈福、解除、開光、問名、訂盟、提親、納采、裁衣、出火、動土、上樑、安床灶、移徙、入宅、安香	羊 45	西北	東南	碓磨廁 外東南	鼠
9	四		二月十八	丙寅	丑亥	巳午酉戌	宜 安機械、栽種、納畜、剃頭、問名、訂盟、提親、納采、裁衣、動土、上樑、安床、立券、交易、納財、入殮、破土、火化、安葬 忌 嫁娶	猴 44	西南	正西	廚灶爐 外正南	豬
10	五		二月十九	丁卯	亥丑	巳午未戌	宜 祭祀、會親友、出行、求醫治病、祈福、解除、開光、問名、訂盟、提親、納采、裁衣、嫁娶、移徙、入宅、安香、入殮、火化、安葬、謝土	雞 43	正南	正西	倉庫門 外正南	狗
11	六		二月二十	戊辰		巳未申酉	宜 沐浴、掃舍宇、剃頭、解除、整手足甲、斷蟻 ◆日值受死日忌諸吉事	狗 42	東南	正北	房床棲 外正南	雞
12	日		二月廿一	己巳	戌寅	巳午申酉	宜 會親友、安機械、解除、納畜、開光、入學、剃頭、裁衣、上樑、安床灶、開市、立券、交易、納財 忌 祭祀、祈福、動土、破土	豬 41	東北	正北	占門床 外正南	猴
13	一		二月廿二	庚午	酉卯	丑寅未申	宜 祭祀、平治道塗、修飾垣墻、嫁娶 忌 探病、開光、作灶	鼠 40	西北	正東	占碓磨 外正南	羊
14	二		二月廿三	辛未	申辰	寅卯午申	宜 祭祀、會親友、安機械、祈福、納畜、人學、出行、剃頭、問名、訂盟、提親、納采、裁衣、出火、動土、上樑、安床、移徙、入宅、安香、開市、立券、交易、納財、交車、入殮、破土、火化、安葬、謝土	牛 39	西南	正東	廚灶廁 外西南	馬
15	三		二月廿四	壬申	未巳	子卯辰巳	宜 沐浴、掃舍宇、祭祀、開光、祈福、剃頭、問名、訂盟、提親、納采、裁衣、嫁娶、出火、動土、上樑、移徙、入宅、入殮、破土、火化、安葬、謝土 忌 安床	虎 38	正南	正南	倉庫爐 外西南	蛇

16	四		二月廿五	癸酉		子丑辰巳	宜 求醫治病、破屋壞垣	兔 37	東南	正南	房床門外西南	龍
17	五		二月廿六	甲戌	卯酉	寅卯午未	宜 祭祀、會親友、出行、安機械、栽種、祈福、解除、納畜、沐浴、剃頭、問名、訂盟、提親、納采、裁衣、嫁娶、出火、動土、上樑、安床灶、移徙、入宅、安香、開市、立劵、交易、納財、交車、入殮、破土、火化、安葬、謝土	龍 36	東北	東南	門雞栖外西南	兔
18	六		二月廿七	乙亥	寅戌	寅卯未申	宜 入學、會親友、出行、沐浴、求醫治病、安機械、解除、開光、剃頭、訂盟、提親、裁衣、出火、動土、上樑、安床灶、移徙、入宅、安香 忌 嫁娶	蛇 35	西北	東南	碓磨床外西南	虎
19	日		二月廿八	丙子		丑辰巳申	宜 裁衣、安床、栽種	馬 34	西南	正西	廚灶碓外西南	牛
20	一		二月廿九	丁丑	亥丑	巳午酉亥	宜 祭祀、解除、開光、沐浴、破土、謝土 ◈鳳凰日	羊 33	正南	正西	倉庫廁外正西	鼠
21	二	春分	二月三十	戊寅	卯寅	丑巳午未	宜 安機械、栽種、納畜、提親、納采、裁衣、動土、上樑、安灶、立劵、交易、納財、入殮、破土、火化、安葬	猴 32	東南	正北	房床爐外正西	豬
22	三		閏二月初一	己卯	丑時	子午未申	宜 祭祀、出行 忌 探病、嫁娶、作灶	雞 31	東北	正北	占大門外正西	狗
23	四		閏二月初二	庚辰	申寅	丑未申酉	宜 沐浴、掃舍宇、解除、剃頭、整手足甲、祭祀 忌 諸吉事 ◈日值受死日忌諸吉事	狗 30	西北	正東	碓磨栖外正西	雞
24	五		閏二月初三	辛巳	未卯	寅午申酉	宜 安機械、會親友、入學、剃頭、提親、納采、裁衣、安床灶、斷蟻	豬 29	西南	正東	廚灶床外正西	猴
25	六		閏二月初四	壬午	午辰	寅卯巳未	宜 祭祀、平治道塗、修飾垣墻、嫁娶 忌 入宅、探病	鼠 28	正南	正南	倉庫碓外西北	羊
26	日		閏二月初五	癸未	辰午	卯巳午未	宜 祭祀、會親友、安機械、祈福、開光、入學、問名、訂盟、提親、納采、裁衣、嫁娶、上樑、安床灶、開市、立劵、交易、納財、交車、入殮、火化、安葬、謝土 忌 動土、破土	牛 27	東南	正南	房床廁外西北	馬
27	一		閏二月初六	甲申	申時	卯辰巳未	宜 祭祀、沐浴、掃舍宇、開光、祈福、出行、剃頭、裁衣、嫁娶、出火、動土、上樑、移徙、入宅、安香、入殮、破土、火化、安葬、謝土 忌 安床	虎 26	東北	東南	占門爐外西北	蛇
28	二		閏二月初七	乙酉		丑寅辰巳	宜 祭祀、求醫治病、破屋壞垣	兔 25	西北	東南	碓磨門外西北	龍
29	三	青年節	閏二月初八	丙戌	子戌	卯巳午酉	宜 祭祀、出行、提親、裁衣、嫁娶、安床、開市、立劵、交易、交車、入殮、破土 忌 開光	龍 24	西南	正西	廚灶栖外西北	兔
30	四		閏二月初九	丁亥	戊子	寅卯午未	宜 祭祀、沐浴、會親友、出行、解除、求醫治病、安機械、栽種、入學、問名、訂盟、提親、納采、裁衣、出火、動土、安床、移徙、入宅、安香、開市、立劵、交易、納財、交車 忌 嫁娶 ◈麒麟日	蛇 23	正南	正西	倉庫床外西北	虎
31	五		閏二月初十	戊子		丑辰巳未	宜 剃頭、嫁娶	馬 22	東南	正北	房床碓外正北	牛

國曆	星期	節日	農曆	干支	每日登貴	每日吉時	宜忌	每日沖煞生肖	喜神	財神	每日胎神占方	每日福星
1	六		閏二月十一	己丑	酉丑	巳午申酉	宜 祭祀、入學、會親友、求醫治病、祈福、解除、納畜、出行、沐浴、剃頭、問名、訂盟、提親、納采、裁衣、嫁娶、安機械、動土、上樑、安床灶、破土	羊 21	東北	正北	占門廁 外正北	鼠
2	日		閏二月十二	庚寅	寅時	午未酉戌	宜 栽種、納畜、問名、訂盟、提親、納采、裁衣、動土、上樑、安床灶、立券、交易、納財、入殮、破土、火化、安葬 忌 嫁娶、入宅	猴 20	西北	正東	碓磨爐 外正北	豬
3	一		閏二月十三	辛卯	未卯	寅午未申	宜 祭祀、會親友、出行、嫁娶、立券、交易、交車、入殮、火化、安葬、謝土 忌 問名、訂盟、提親、納采	雞 19	西南	正東	廚灶門 外正北	狗
4	二	兒童節	閏二月十四	壬辰	午辰	卯巳申酉	宜 沐浴、掃舍宇、解除、剃頭、整手足甲、斷蟻 忌 諸吉事、作灶 ◈日值受死日忌諸吉事	狗 18	正南	正南	倉庫栖 外正北	雞
5	三	清明節	閏二月十五	癸巳	辰午	子丑卯巳	節前 宜 會親友、安機械、入學、沐浴、提親、裁衣、修灶、上樑、安床灶、開市、立券、交易、納財 節後 宜 沐浴、掃舍宇、入學、解除、問名、訂盟、提親、納采、裁衣、會親友、出火、動土、上樑、安床、移徙、入宅、安香、納畜 節前 忌 動土、破土、安葬 節後 忌 開市、立券、交易、納財	豬 17	東南	正南	占房床 房內北	猴
6	四		閏二月十六	甲午	寅申	寅卯未戌	宜 剃頭、嫁娶、會親友、安床、開市、栽種、入殮、火化、安葬 忌 祭祀、祈福、謝土	鼠 16	東北	東南	占門碓 房內北	羊
7	五		閏二月十七	乙未	酉時	子寅卯午	宜 祭祀、作灶、平治道途 忌 動土、破土	牛 15	西北	東南	碓磨廁 房內北	馬
8	六		閏二月十八	丙申	子戌	辰巳午酉	宜 祭祀、沐浴、掃舍宇、開光、裁衣、動土、納畜、入殮、破土、火化、安葬、謝土 忌 入宅	虎 14	西南	正西	廚灶爐 房內北	蛇
9	日		閏二月十九	丁酉	戌子	辰巳午酉	宜 祭祀、出行、沐浴、求醫治病、掃舍宇、祈福、解除、問名、訂盟、提親、納采、嫁娶、出火、安床、移徙、入宅、安香、入殮、火化、安葬、謝土 忌 開市、破土	兔 13	正南	正西	倉庫門 房內北	龍
10	一		閏二月二十	戊戌	申寅	卯巳午未	宜 祭祀、沐浴、求醫治病、解除、破屋壞垣 ◈日值月破大耗日，宜事少取	龍 12	東南	正北	房床栖 房內南	兔
11	二		閏二月廿一	己亥	酉丑	寅卯午未	宜 沐浴 忌 諸吉事、嫁娶、祭祀、祈福、上樑 ◈日值受死日忌諸吉事	蛇 11	東北	正北	占門床 房內南	虎
12	三		閏二月廿二	庚子	申寅	辰未申酉	宜 祭祀、會親友、沐浴、求醫治病、祈福、解除、開光、入學、剃頭、問名、訂盟、提親、納采、裁衣、動土、上樑、安床、開市、立券、交易、納財、栽種、入殮、破土、火化、安葬、謝土	馬 10	西北	正東	占碓磨 房內南	牛
13	四		閏二月廿三	辛丑	卯時	寅巳午申	宜 祭祀、納財、納畜 忌 安葬、破土 ◈日值季月紅紗正煞，宜事少取	羊 69	西南	正東	廚灶廁 房內南	鼠
14	五		閏二月廿四	壬寅	午辰	子卯巳午	宜 會親友、出行、栽種、解除、納畜、開光、求醫治病、裁衣、嫁娶、出火、動土、上樑、安床、移徙、入宅、安香、開市、立券、交易、納財、交車、破土 忌 探病、入殮、安葬	猴 68	正南	正南	倉庫爐 房內南	豬
15	六		閏二月廿五	癸卯	辰午	卯巳未戌	宜 出行、裁衣、安床灶、立券、交易、交車、斷蟻、入殮、破土、火化、安葬 忌 開市	雞 67	東南	正南	房床門 房內南	狗

16	日		閏二月廿六	甲辰	寅申	寅未申酉	宜 出行、修飾垣牆 忌 安葬	狗 66	東北	東南	門雞栖 房內東	雞
17	一		閏二月廿七	乙巳	丑酉	寅卯申酉	宜 沐浴、掃舍宇、祭祀、祈福、入學、解除、剃頭、求醫治病、問名、訂盟、提親、納采、裁衣、嫁娶、出火、上樑、安床、移徙、入宅、安香 忌 開光 ◆鳳凰日	豬 65	西北	東南	碓磨床 房內東	猴
18	二		閏二月廿八	丙午	戌時	巳未酉戌	宜 開光、出行、剃頭、問名、訂盟、提親、納采、嫁娶、會親友、安床、開市、栽種、入殮、火化、安葬 忌 入宅	鼠 64	西南	正西	廚灶碓 房內東	羊
19	三		閏二月廿九	丁未	戌子	卯巳午酉	宜 祭祀、平治道途、修飾垣牆、入殮、破土、火化、安葬、謝土 忌 作灶	牛 63	正南	正西	倉庫廁 房內東	馬
20	四	穀雨	三月初一	戊申	申時	丑辰巳午	◆台灣可見日環食，宜事不取	虎 62	東南	正北	房床爐 房內東	蛇
21	五		三月初二	己酉	申子	辰巳午申	宜 祭祀、沐浴、剃頭、求醫治病、安機械、掃舍宇、祈福、解除、整手足甲、納畜、開光、入學、裁衣、出火、上樑、安床、移徙、入宅、安香、入殮、火化、安葬、謝土	兔 61	東北	正北	占大門 外東北	龍
22	六		三月初三	庚戌	未丑	寅卯午未	宜 祭祀、沐浴、求醫治病、破屋壞垣、解除、剃頭 ◆日值月破大耗日，宜事少取	龍 60	西北	正東	碓磨栖 外東北	兔
23	日		三月初四	辛亥		寅卯午未	宜 沐浴、掃舍宇	蛇 59	西南	正東	廚灶床 外東北	虎
24	一		三月初五	壬子	巳卯	卯辰巳申	宜 祭祀、會親友、沐浴、求醫治病、安機械、栽種、祈福、解除、開光、問名、訂盟、提親、納采、裁衣、上樑、安床、入殮、破土、火化、安葬、謝土	馬 58	正南	正南	倉庫碓 外東北	牛
25	二		三月初六	癸丑		子卯巳酉	宜 祭祀 ◆日值季月紅紗正煞，宜事少取	羊 57	東南	正南	房床廁 外東北	鼠
26	三		三月初七	甲寅	丑未	丑寅午未	宜 會親友、出行、求醫治病、解除、問名、訂盟、提親、納采、裁衣、出火、安床、移徙、入宅、安香、開市、立券、交易、交車、栽種、破土 忌 上樑	猴 56	東北	東南	占門爐 外東北	豬
27	四		三月初八	乙卯	子申	卯未申戌	宜 祭祀、裁衣、嫁娶、安床灶、立券、交易、入殮、破土、火化、安葬、謝土 忌 開光 ◆麒麟日	雞 55	西北	東南	碓磨門 外正東	狗
28	五		三月初九	丙辰	亥酉	巳午申酉	宜 祭祀、出行、掃舍宇 忌 上樑、入宅、動土、破土	狗 54	西南	正西	廚灶栖 外正東	雞
29	六		三月初十	丁巳	酉時	丑巳午申	宜 沐浴、掃舍宇、解除、整手足甲、納畜、祭祀、開光、問名、訂盟、提親、納采、嫁娶、栽種 忌 開市	豬 53	正南	正西	倉庫床 外正東	猴
30	日		三月十一	戊午	丑未	寅巳午未	宜 出行、沐浴、剃頭、嫁娶、會親友、安床、開市、立券、交易、交車	鼠 52	東南	正北	房床碓 外正東	羊

國曆	星期	節日	農曆	干支	每日登貴	每日吉時	宜忌	每日沖煞生肖	喜神	財神	每日胎神占方	每日福星
1	一	勞動節	三月十二	己未	甲子	子卯巳午	宜 祭祀、作灶、修飾垣墻、平治道塗 忌 上樑、安床、安葬、栽種	牛 51	東北	正北	占門廁 外正東	馬
2	二		三月十三	庚申	未丑	辰巳未申	宜 祭祀、沐浴、掃舍宇、解除、入殮、破土、火化、安葬、謝土 忌 安床、嫁娶、入宅、上樑	虎 50	西北	正東	碓磨爐 外東南	蛇
3	三		三月十四	辛酉	午寅	丑寅辰巳	宜 祭祀、沐浴、掃舍宇、整手足甲、解除、剃頭、入殮、火化、安葬、謝土	兔 49	西南	正東	廚灶門 外東南	龍
4	四		三月十五	壬戌	巳卯	寅卯巳午	宜 祭祀、沐浴、解除、破屋壞垣 ◆日值月破大耗日，宜事少取	龍 48	正南	正南	倉庫栖 外東南	兔
5	五		三月十六	癸亥		子寅卯未	忌 諸吉事	蛇 47	東南	正南	占房床 外東南	虎
6	六	立夏	三月十七	甲子	丑未	卯辰未申	◆台灣可見月半影食，宜事不取	馬 46	東北	東南	占門碓 外東南	牛
7	日		三月十八	乙丑	子申	寅卯巳申	宜 祭祀、會親友、求醫治病、祈福、納畜、開光、解除、問名、訂盟、提親、納采、動土、安葬、立券、交易、納財、入殮、破土、火化、安葬、謝土	羊 45	西北	東南	碓磨廁 外東南	鼠
8	一		三月十九	丙寅	亥酉	巳午酉戌	宜 會親友、出行、解除、問名、訂盟、提親、納采、裁衣、嫁娶、出火、安床、移徙、入宅、安香	猴 44	西南	正西	廚灶爐 外正南	豬
9	二		三月二十	丁卯	亥時	巳午未戌	宜 祭祀、入學、開光、祈福、出行、求醫治病、問名、訂盟、提親、納采、裁衣、嫁娶、動土、安床、開市、立券、交易、交車、破土 忌 栽種、安葬	雞 43	正南	正西	倉庫門 外正南	狗
10	三		三月廿一	戊辰	未丑	巳未申酉	宜 祭祀、出行、裁衣、嫁娶、出火、安床、移徙、入宅、安香、立券、交易、交車、斷蟻、入殮、破土、火化、安葬、謝土 忌 開光、開市	狗 42	東南	正北	房床栖 外正南	雞
11	四		三月廿二	己巳		巳午申酉	宜 斷蟻 忌 諸吉事	豬 41	東北	正北	占門床 外正南	猴
12	五		三月廿三	庚午	未丑	丑寅未申	宜 祭祀、會親友、出行、沐浴、剃頭、掃舍宇、栽種、祈福、解除、納畜、問名、訂盟、提親、納采、裁衣、動土、上樑、入殮、破土、火化、安葬、謝土 忌 探病、安床、移徙、入宅	鼠 40	西北	正東	占碓磨 外正南	羊
13	六		三月廿四	辛未	午寅	寅卯午申	宜 開光、問名、訂盟、提親、納采、裁衣、會親友、安床、掃舍宇 忌 祭祀、祈福、安葬	牛 39	西南	正東	廚灶廁 外西南	馬
14	日	母親節	三月廿五	壬申	卯巳	子卯辰巳	宜 沐浴、掃舍宇、平治道塗、入殮、破土、火化、安葬	虎 38	正南	正南	倉庫爐 外西南	蛇
15	一		三月廿六	癸酉	巳時	子丑辰巳	宜 出行、沐浴、剃頭、安機械、掃舍宇、整手足甲、納畜、祭祀、開光、祈福、入學、問名、訂盟、提親、納采、裁衣、嫁娶、出火、動土、上樑、安床、移徙、入宅、安香、開市、立券、交易、納財、交車、入殮、破土、火化、安葬、謝土 ◆鳳凰日	兔 37	東南	正南	房床門 外西南	龍

16	二		三月廿七	甲戌	丑未	寅卯午未	宜沐浴、求醫治病、解除、出行、剃頭、問名、訂盟、提親、納采、嫁娶、會親友、動土、整手足甲、入殮、破土、火化、謝土 忌入宅	龍 36	東北	東南	門雞棲外西南	兔
17	三		三月廿八	乙亥	子申	寅卯未申	宜祭祀、沐浴、解除、破屋壞垣◈日值月破大耗日，宜事少取	蛇 35	西北	東南	碓磨床外西南	虎
18	四		三月廿九	丙子	亥酉	丑辰巳申	宜祭祀、沐浴、解除、開光、祈福、出行、裁衣、嫁娶、會親友、出火、動土、上樑、安床、移徙、入宅、安香、栽種 忌安葬	馬 34	西南	正西	廚灶碓外西南	牛
19	五		四月初一	丁丑	酉亥	巳午酉亥	宜會親友、安機械、納畜、祭祀、開光、祈福、入學、問名、訂盟、提親、納采、裁衣、動土、上樑、安床、開市、立券、交易、納財、入殮、破土、火化、安葬、謝土 忌入宅	羊 33	正南	正西	倉庫廁外正西	鼠
20	六		四月初二	戊寅	丑未	丑巳午未	忌祭祀、祈福	猴 32	東南	正北	房床爐外正西	豬
21	日	小滿	四月初三	己卯	申子	子午未申	宜祭祀、入學、開光、祈福、出行、剃頭、求醫治病、問名、訂盟、提親、納采、裁衣、嫁娶、會親友、安床、立券、交易、納財、交車 忌探病、開市、入殮、安葬◈鳳凰日	雞 31	東北	正北	占大門外正西	狗
22	一		四月初四	庚辰	午子	丑未申酉	宜祭祀、祈福、出行、裁衣、嫁娶、會親友、出火、動土、上樑、安床、移徙、入宅、安香、立券、交易、交車、入殮、破土、火化、安葬、謝土 忌問名、納采	狗 30	西北	正東	碓磨棲外正西	雞
23	二		四月初五	辛巳		寅午申酉	宜祭祀、解除、斷蟻	豬 29	西南	正東	廚灶床外正西	猴
24	三		四月初六	壬午	辰寅	寅卯巳未	宜祭祀、會親友、出行、沐浴、剃頭、求醫治病、掃舍宇、祈福、解除、納畜、裁衣、嫁娶、安機械、出火、動土、上樑、移徙、入宅、安香、開市、立券、交易、納財、交車、入殮、破土、火化、安葬、謝土 忌探病、作灶、開光	鼠 28	正南	正南	倉庫碓外西北	羊
25	四		四月初七	癸未		卯巳午未	宜會親友 忌上樑	牛 27	東南	正南	房床廁外西北	馬
26	五		四月初八	甲申	子午	卯辰巳未	宜沐浴、掃舍宇、平治道塗、裁衣、嫁娶、入殮、破土、火化、安葬	虎 26	東北	東南	占門爐外西北	蛇
27	六		四月初九	乙酉	亥未	丑寅辰巳	宜祭祀、沐浴、剃頭、掃舍宇、解除、整手足甲、開光、出行、問名、訂盟、提親、納采、出火、動土、安床、移徙、入宅、安香、入殮、破土、火化、安葬、謝土 忌上樑	兔 25	西北	東南	碓磨門外西北	龍
28	日		四月初十	丙戌	戌申	卯巳午酉	宜祭祀、會親友、沐浴、剃頭、祈福、整手足甲、問名、訂盟、提親、納采、裁衣、嫁娶、出火、動土、上樑、安床、移徙、入宅、安香	龍 24	西南	正西	廚灶棲外西北	兔
29	一		四月十一	丁亥		寅卯午未	宜沐浴、破屋壞垣 ◈日值月破大耗日，宜事少取	蛇 23	正南	正西	倉庫床外西北	虎
30	二		四月十二	戊子	子時	丑辰巳未	宜祭祀、會親友、沐浴、開光、出行、問名、訂盟、提親、納采、裁衣、嫁娶、安機械、出火、動土、上樑、安床、移徙、入宅、開市、交車、栽種、入殮、破土、火化、安葬、謝土 忌入學	馬 22	東南	正北	房床碓外正北	牛
31	三		四月十三	己丑	亥時	巳午申酉	宜祭祀、解除、開光、祈福、入學、沐浴、剃頭、求醫治病、問名、訂盟、提親、納采、裁衣、會親友、安機械、動土、上樑、安床、開市、立券、交易、納財、栽種、納畜、入殮、破土、火化、安葬、謝土	羊 21	東北	正北	占門廁外正北	鼠

國曆	星期	節日	農曆	干支	每日登貴	每日吉時	宜忌	每日沖煞生肖	喜神	財神	每日胎神占方	每日福星
1	四		四月十四	庚寅	午子	午未酉戌	宜會親友、解除、出行、問名、訂盟、提親、納采、裁衣、嫁娶、出火、上樑、安床灶、移徙、入宅、安香 忌開市、立券、交易、納財、安葬	猴 20	西北	正東	碓磨爐外正北	豬
2	五		四月十五	辛卯	巳丑	寅午未申	宜祭祀、入學、會親友、出行、栽種、祈福、解除、裁衣、動土、安床、開市、立券、交易、納財、交車、破土	雞 19	西南	正東	廚灶門外正北	狗
3	六		四月十六	壬辰	辰寅	卯巳申酉	宜嫁娶、交易 忌安床	狗 18	正南	正南	倉庫栖外正北	雞
4	日		四月十七	癸巳	寅辰	子丑卯巳	宜斷蟻 忌諸吉事、安葬 ◈日值受死日忌諸吉事	豬 17	東南	正南	占房床房內北	猴
5	一		四月十八	甲午	午時	寅卯未戌	宜祭祀、沐浴、剃頭、掃舍宇、解除、整手足甲、祈福、求醫治病、出行、問名、訂盟、提親、納采、裁衣、嫁娶、會親友、出火、動土、上樑、移徙、入宅、安香、栽種、納畜、入殮、破土、火化、安葬、謝土 忌安床、作灶	鼠 16	東北	東南	占門碓房內北	羊
6	二	芒種	四月十九	乙未	亥未	子寅卯午	節前宜開光、訂盟、提親、納采、裁衣、嫁娶、安床灶 忌開市、動土、破土 節後宜會親友、出行、沐浴、剃頭、掃舍宇、解除、整手足甲、祭祀、開光、祈福、出行、問名、訂盟、提親、納采、裁衣、嫁娶、安機械、出火、上樑、安床、移徙、入宅、安香、立券、交易、納財、交車、納畜 忌動土、破土、安葬 ◈麒麟日	牛 15	西北	東南	碓磨廁房內北	馬
7	三		四月二十	丙申	戌申	辰巳午酉	宜會親友、沐浴、剃頭、求醫治病、安機械、掃舍宇、栽種、解除、整手足甲、納畜、開光、入學、出行、問名、訂盟、提親、納采、裁衣、嫁娶、出火、上樑、移徙、入宅、開市、立券、交易、交車、入殮、火化、安葬 忌作灶	虎 14	西南	正西	廚灶爐房內北	蛇
8	四		四月廿一	丁酉	申戌	辰巳午酉	宜祭祀、嫁娶、沐浴、掃舍宇、平治道塗、整手足甲、修飾垣墻	兔 13	正南	正西	倉庫門房內北	龍
9	五		四月廿二	戊戌	午子	卯巳午未	宜祭祀、會親友、出行、安機械、祈福、納畜、剃頭、問名、訂盟、提親、納采、裁衣、嫁娶、出火、動土、上樑、安床、移徙、入宅、安香、開市、立券、交易、納財、栽種、入殮、破土、火化、安葬、謝土	龍 12	東南	正北	房床栖房內南	兔
10	六		四月廿三	己亥	未亥	寅卯午未	宜祭祀、沐浴、祈福、入學、出行、剃頭、求醫治病、問名、訂盟、提親、納采、裁衣、出火、動土、上樑、安床、移徙、入宅、安香、栽種 忌開市、立券、交易、納財、安葬	蛇 11	東北	正北	占門床房內南	虎
11	日		四月廿四	庚子		辰未申酉	◈日逢眞滅沒宜事不取	馬 10	西北	正東	占碓磨房內南	牛
12	一		四月廿五	辛丑	巳丑	寅巳午申	宜祭祀、開光、祈福、提親、納采、安床、入殮、破土、火化、安葬、謝土 忌出火、移徙、入宅、開市	羊 69	西南	正東	廚灶廁房內南	鼠
13	二		四月廿六	壬寅	辰寅	子卯巳午	宜會親友、求醫治病、安機械、栽種、入學、剃頭、裁衣、動土、上樑、安床、開市、立券、交易、納財、入殮、破土、火化、安葬 忌祭祀、謝土、入宅、作灶、探病	猴 68	正南	正南	倉庫爐房內南	豬
14	三		四月廿七	癸卯		卯巳未戌	宜祭祀、作灶、栽種	雞 67	東南	正南	房床門房內南	狗
15	四		四月廿八	甲辰	子午	寅未申酉	宜會親友、出行、求醫治病、祈福、解除、祭祀、開光、問名、訂盟、提親、納采、裁衣、嫁娶、出火、上樑、安床灶、移徙、入宅	狗 66	東北	東南	門雞栖房內東	雞

16	五		四月廿九	乙巳	未時	寅卯申酉	宜 裁衣、提親、納采、嫁娶、上樑、安灶 忌 祭祀、祈福、安床、安葬	豬 65	西北	東南	碓磨床 房內東	猴
17	六		四月三十	丙午	戌申	巳未酉戌	宜 祭祀、入殮、火化、安葬、謝土	鼠 64	西南	正西	廚灶碓 房內東	羊
18	日		五月初一	丁未	申戌	卯巳午酉	宜 祭祀、會親友、出行、沐浴、安機械、掃舍宇、栽種、祈福、解除、納畜、開光、入學、問名、訂盟、提親、納采、裁衣、出火、動土、上樑、安床、移徙、入宅、安香、開市、立券、交易、納財、交車 忌 嫁娶 ◈鳳凰日	牛 63	正南	正西	倉庫廁 房內東	馬
19	一		五月初二	戊申	午子	丑辰巳午	宜 沐浴、剃頭、安機械、掃舍宇、栽種、整手足甲、入學、裁衣、出火、上樑、移徙、入宅、安香、入殮、火化、安葬	虎 62	東南	正北	房床爐 房內東	蛇
20	二		五月初三	己酉	未亥	辰巳午申	宜 祭祀、沐浴、剃頭、掃舍宇、整手足甲、平治道塗 ◈日值四離日，宜事少取	兔 61	東北	正北	占大門 外東北	龍
21	三	夏至	五月初四	庚戌	午子	寅卯午未	宜 祭祀、會親友、祈福、納畜、開光、問名、訂盟、提親、納采、裁衣、動土、上樑、立券、交易、納財、入殮、破土、火化、安葬、謝土 忌 入宅	龍 60	西北	正東	碓磨栖 外東北	兔
22	四	端午節	五月初五	辛亥	辰子	寅卯午未	宜 祭祀、沐浴、開光、祈福、剃頭、問名、訂盟、提親、納采、裁衣、會親友、安床 忌 豎造全章、嫁娶	蛇 59	西南	正東	廚灶床 外東北	虎
23	五		五月初六	壬子		卯辰巳申	宜 破屋壞垣	馬 58	正南	正南	倉庫碓 外東北	牛
24	六		五月初七	癸丑	丑卯	子卯巳酉	宜 祭祀、安機械、動土、安床、開市、立券、交易、納財、入殮、破土、火化、謝土	羊 57	東南	正南	房床廁 外東北	鼠
25	日		五月初八	甲寅	亥巳	丑寅午未	宜 會親友、求醫治病、安機械、栽種、入學、剃頭、問名、訂盟、提親、納采、裁衣、動土、安床灶、開市、立券、交易、納財、入殮、破土、火化、安葬 忌 上樑、探病	猴 56	東北	東南	占門爐 外東北	豬
26	一		五月初九	乙卯		卯未申戌	宜 祭祀、作灶 忌 探病	雞 55	西北	東南	碓磨門 外正東	狗
27	二		五月初十	丙辰	酉未	巳午申酉	宜 祭祀、入學、會親友、出行、求醫治病、祈福、解除、納畜、問名、訂盟、提親、納采、裁衣、嫁娶、出火、動土、上樑、安床、移徙、入宅、安香、破土	狗 54	西南	正西	廚灶栖 外正東	雞
28	三		五月十一	丁巳	未酉	丑巳午申	宜 裁衣、築隄防、嫁娶、出火、動土、移徙、入宅、安香 忌 作灶、安葬	豬 53	正南	正西	倉庫床 外正東	猴
29	四		五月十二	戊午		寅巳午未	宜 祭祀 忌 動土	鼠 52	東南	正北	房床碓 外正東	羊
30	五		五月十三	己未	午戌	子卯巳午	宜 祭祀、會親友、沐浴、剃頭、安機械、掃舍宇、栽種、祈福、解除、整手足甲、納畜、開光、出行、問名、訂盟、提親、納采、裁衣、嫁娶、出火、動土、上樑、安床、移徙、入宅、開市、立券、交易、納財、交車 忌 作灶	牛 51	東北	正北	占門廁 外正東	馬

國曆	星期	節日	農曆	干支	每日登貴	每日吉時	宜忌	每日沖煞生肖	喜神	財神	每日胎神占方	每日福星
1	六		五月十四	庚申	巳亥	辰巳未申	宜 會親友、沐浴、剃頭、掃舍宇、栽種、解除、整手足甲、納畜、入學、出行、裁衣、嫁娶、出火、上樑、移徙、入宅、安香、開市、納財、交車、入殮、火化、安葬	虎 50	西北	正東	碓磨爐 外東南	蛇
2	日		五月十五	辛酉	辰子	丑寅辰巳	宜 祭祀、沐浴、掃舍宇、平治道塗、修飾垣牆、作灶	兔 49	西南	正東	廚灶門 外東南	龍
3	一		五月十六	壬戌	卯丑	寅卯巳午	宜 祭祀、會親友、安機械、祈福、納畜、開光、出行、問名、訂盟、提親、納采、裁衣、嫁娶、出火、上樑、安床、移徙、入宅、開市、立券、交易、納財、交車、入殮、火化、安葬、謝土	龍 48	正南	正南	倉庫栖 外東南	兔
4	二		五月十七	癸亥	丑卯	子寅卯未	宜 祭祀、沐浴 忌 嫁娶 ◆麒麟日	蛇 47	東南	正南	占房床 外東南	虎
5	三		五月十八	甲子		卯辰未申	宜 祭祀、破屋壞垣	馬 46	東北	東南	占門碓 外東南	牛
6	四		五月十九	乙丑	戌午	寅卯巳申	宜 祭祀、開光、出行、裁衣、嫁娶、動土、安床、入殮、破土 忌 開市、安葬、作灶	羊 45	西北	東南	碓磨廁 外東南	鼠
7	五	小暑	五月二十	丙寅	酉未	巳午酉戌	節前 宜 會親友、求醫治病、栽種、解除、開光、問名、訂盟、提親、納采、裁衣、安機械、動土、上樑、安床、開市、立券、交易、納財、入殮、破土、火化、安葬 忌 作灶、出火、移徙、入宅 節後 宜 會親友、安機械、開光、出行、問名、訂盟、提親、納采、裁衣、嫁娶、出火、動土、上樑、安床、移徙、入宅、安香、開市、立券、交易、納財、交車、栽種、入殮、破土、火化、安葬 忌 作灶	猴 44	西南	正西	廚灶爐 外正南	豬
8	六		五月廿一	丁卯	未時	巳午未戌	宜 會親友、出行、求醫治病、安機械、祭祀、開光、祈福、問名、訂盟、提親、納采、裁衣、嫁娶、出火、動土、上樑、安床、移徙、入宅、開市、立券、交易、納財、交車、栽種、入殮、破土、火化、安葬、謝土	雞 43	正南	正西	倉庫門 外正南	狗
9	日		五月廿二	戊辰		巳未申酉	宜 祭祀、納財、作灶	狗 42	東南	正北	房床栖 外正南	雞
10	一		五月廿三	己巳	午戌	巳午申酉	宜 祭祀、祈福、剃頭、裁衣、會親友、出火、動土、上樑、安床灶、移徙、入宅、安香、開市、立券、交易、納財 忌 嫁娶、安葬、開光	豬 41	東北	正北	占門床 外正南	猴
11	二	初伏	五月廿四	庚午	巳亥	丑寅未申	宜 入殮、破土、火化、安葬 忌 探病 ◆日值受死日忌諸吉事	鼠 40	西北	正東	占碓磨 外正南	羊
12	三		五月廿五	辛未	辰子	寅卯午申	宜 祭祀、會親友、出行、祈福、解除、問名、訂盟、提親、納采、安床 忌 動土、破土、作灶、安葬	牛 39	西南	正東	廚灶廁 外西南	馬
13	四		五月廿六	壬申		子卯辰巳	宜 祭祀、沐浴、祈福、入學、解除、求醫治病、嫁娶、開市、入殮、破土、火化、安葬、謝土 忌 出火、移徙、入宅、上樑	虎 38	正南	正南	倉庫爐 外西南	蛇
14	五		五月廿七	癸酉	丑時	子丑辰巳	宜 沐浴、開光、出行、裁衣、嫁娶、安床、開市、納財、交車、入殮、火化、安葬 忌 作灶	兔 37	東南	正南	房床門 外西南	龍
15	六		五月廿八	甲戌	亥巳	寅卯午未	宜 祭祀、沐浴、裁衣、嫁娶 忌 安葬、動土、破土、作灶	龍 36	東北	東南	門雞栖 外西南	兔

16	日		五月廿九	乙亥	戌午	寅卯未申	宜 會親友、沐浴、安機械、開光、祈福、出行、剃頭、問名、訂盟、提親、納采、裁衣、出火、動土、上樑、安床灶、移徙、入宅、安香、開市、立券、交易、納財、交車 忌 嫁娶 ◈鳳凰日	蛇 35	西北	東南	碓磨床 外西南	虎
17	一		五月三十	丙子	酉未	丑辰巳申	宜 沐浴、剃頭、整手足甲、祭祀、解除、入殮、破土、火化、安葬、謝土	馬 34	西南	正西	廚灶碓 外西南	牛
18	二		六月初一	丁丑		巳午酉亥	宜 祭祀、破屋壞垣	羊 33	正南	正西	倉庫廁 外正西	鼠
19	三		六月初二	戊寅	巳亥	丑巳午未	宜 會親友、安機械、栽種、開光、出行、剃頭、問名、訂盟、提親、納采、裁衣、嫁娶、出火、動土、上樑、安床灶、移徙、入宅、安香、立券、交易、納財、交車、修飾垣牆、入殮、破土、火化、安葬 忌 祭祀、祈福、謝土、開市	猴 32	東南	正北	房床爐 外正西	豬
20	四		六月初三	己卯	午戌	子午未申	宜 祭祀、入學、會親友、求醫治病、安機械、栽種、祈福、解除、剃頭、問名、訂盟、提親、納采、裁衣、嫁娶、上樑、安床灶 忌 移徙、入宅、探病	雞 31	東北	正北	占大門 外正西	狗
21	五	中伏	六月初四	庚辰	巳亥	丑未申酉	宜 祭祀、栽種、納畜、作灶、納財 忌 安床、破土、安葬	狗 30	西北	正東	碓磨栖 外正西	雞
22	六		六月初五	辛巳	辰子	寅午申酉	宜 祭祀、入學、開光、祈福、剃頭、求醫治病、問名、訂盟、提親、納采、嫁娶、開市 忌 上樑	豬 29	西南	正東	廚灶床 外正西	猴
23	日	大暑	六月初六	壬午	卯丑	寅卯巳未	宜 祭祀、入殮、破土、火化、安葬 忌 探病	鼠 28	正南	正南	倉庫碓 外西北	羊
24	一		六月初七	癸未	子寅	卯巳午未	宜 祭祀、會親友、出行、裁衣、交易、交車 忌 安葬	牛 27	東南	正南	房床廁 外西北	馬
25	二		六月初八	甲申	戌辰	卯辰巳未	宜 祭祀、會親友、沐浴、剃頭、掃舍宇、栽種、祈福、解除、整手足甲、開光、出行、求醫治病、問名、訂盟、提親、納采、裁衣、嫁娶、安機械、出火、上樑、移徙、入宅、安香、開市、立券、交易、納財、交車、入殮、破土、火化、安葬、謝土	虎 26	東北	東南	占門爐 外西北	蛇
26	三		六月初九	乙酉	酉巳	丑寅辰巳	宜 沐浴、掃舍宇、解除、剃頭、裁衣、安床、開市、入殮、火化、安葬	兔 25	西北	東南	碓磨門 外西北	龍
27	四		六月初十	丙戌		卯巳午酉	宜 祭祀	龍 24	西南	正西	廚灶栖 外西北	兔
28	五		六月十一	丁亥	午申	寅卯午未	宜 會親友、安機械、納畜、祭祀、祈福、沐浴、裁衣、出火、上樑、安床、移徙、入宅、安香 忌 栽種、嫁娶	蛇 23	正南	正西	倉庫床 外西北	虎
29	六		六月十二	戊子	辰戌	丑辰巳未	宜 祭祀、沐浴、整手足甲、解除、裁衣、入殮、火化、安葬、謝土 忌 入宅	馬 22	東南	正北	房床碓 外正北	牛
30	日		六月十三	己丑	巳酉	巳午申酉	宜 祭祀、求醫治病、破屋壞垣 ◈日值月破大耗會季月紅紗正煞，宜事少取	羊 21	東北	正北	占門廁 外正北	鼠
31	一		六月十四	庚寅	辰戌	午未酉戌	宜 會親友、栽種、開光、出行、沐浴、問名、訂盟、提親、納采、嫁娶、開市、立券、交易、納財、交車、入殮、破土、火化、安葬	猴 20	西北	正東	碓磨爐 外正北	豬

國曆	星期	節日	農曆	干支	每日登貴	每日吉時	宜忌	每日沖煞生肖	喜神	財神	每日胎神占方	每日福星
1	二		六月十五	辛卯	卯亥	寅午未申	宜 祭祀、會親友、安機械、祈福、解除、入學、出行、裁衣、出火、上樑、安床灶、移徙、入宅、開市、立劵、交易、納財、交車、栽種、入殮、破土、火化、安葬、謝土 忌 嫁娶、納采 ◆麒麟日	雞 19	西南	正東	廚灶門外正北	狗
2	三		六月十六	壬辰	寅子	卯巳申酉	宜 祭祀、納畜、作灶、交易、納財、栽種 忌 開市、安葬	狗 18	正南	正南	倉庫棲外正北	雞
3	四		六月十七	癸巳	子寅	子丑卯巳	宜 祭祀、入學、祈福、剃頭、求醫治病、問名、訂盟、提親、納采、裁衣、會親友、上樑、安床灶、納畜 忌 安葬	豬 17	東南	正南	占房床房內北	猴
4	五		六月十八	甲午	戌辰	寅卯未戌	宜 祭祀、入殮、破土、火化、安葬 忌 吉事、開光、開市、入宅 ◆日值受死日忌諸吉事	鼠 16	東北	東南	占門碓房內北	羊
5	六		六月十九	乙未	酉巳	子寅卯午	宜 祭祀、出行、裁衣、嫁娶、交易、納財、交車 忌 動土、破土	牛 15	西北	東南	碓磨廁房內北	馬
6	日		六月二十	丙申	申午	辰巳午酉	宜 祭祀、沐浴、掃舍宇、開光、解除、求醫治病、嫁娶、出火、移徙、入宅、安香、栽種、破土、火化、安葬、謝土	虎 14	西南	正西	廚灶爐房內北	蛇
7	一		六月廿一	丁酉	午申	辰巳午酉	宜 沐浴、開光、裁衣、栽種、入殮、火化、安葬 忌 嫁娶、上樑 ◆日值四絕日，宜事少取	兔 13	正南	正西	倉庫門房內北	龍
8	二	父親節 立秋	六月廿二	戊戌	戌時	卯巳午未	節前 宜 祭祀 節後 宜 會親友、出行、安機械、栽種、解除、納畜、開光、剃頭、問名、訂盟、提親、納采、裁衣、出火、上樑、移徙、入宅、安香 忌 開市、立劵、交易、納財	龍 12	東南	正北	房床棲房內南	兔
9	三		六月廿三	己亥	酉時	寅卯午未	宜 沐浴、修飾垣牆、平治道塗 忌 作灶、嫁娶、安葬	蛇 11	東北	正北	占門床房內南	虎
10	四	末伏	六月廿四	庚子	辰戌	辰未申酉	宜 祭祀、會親友、出行、祈福、納畜、開光、普渡、入學、剃頭、裁衣、嫁娶、出火、動土、上樑、安床、移徙、入宅	馬 10	西北	正東	占碓磨房內南	牛
11	五		六月廿五	辛丑	卯亥	寅巳午申	宜 入殮、破土、火化、安葬 忌 吉事 ◆日值受死日忌諸吉事	羊 69	西南	正東	廚灶廁房內南	鼠
12	六		六月廿六	壬寅	寅子	子卯巳午	宜 沐浴、求醫治病、破屋壞垣 忌 探病 ◆日值月破大耗日，宜事少取	猴 68	正南	正南	倉庫爐房內南	豬
13	日		六月廿七	癸卯	子寅	卯巳未戌	宜 祭祀、會親友、出行、祈福、解除、納畜、普渡、沐浴、剃頭、問名、訂盟、提親、納采、裁衣、嫁娶、安機械、出火、上樑、移徙、入宅、安香、開市、立劵、交易、納財、交車、入殮、火化、安葬、謝土 ◆鳳凰日	雞 67	東南	正南	房床門房內南	狗
14	一		六月廿八	甲辰	辰時	寅未申酉	宜 祭祀、開光、祈福、普渡、求醫治病、問名、訂盟、提親、納采、裁衣、嫁娶、會親友、安機械、出火、動土、上樑、安灶、移徙、入宅、安香、入殮、破土、火化、安葬、謝土	狗 66	東北	東南	門雞棲房內東	雞
15	二		六月廿九	乙巳	酉巳	寅卯申酉	宜 會親友、安機械、祭祀、開光、祈福、入學、問名、訂盟、提親、納采、裁衣、嫁娶、安床灶、立劵、交易、納財 忌 安葬	豬 65	西北	東南	碓磨床房內東	猴

31	30	29	28	27	26	25	24	23	22	21	20	19	18	17	16
四	三	二	一	日	六	五	四	三	二	一	日	六	五	四	三
	中元節							處暑	七夕						
七月十六	七月十五	七月十四	七月十三	七月十二	七月十一	七月初十	七月初九	七月初八	七月初七	七月初六	七月初五	七月初四	七月初三	七月初二	七月初一
辛酉	庚申	己未	戊午	丁巳	丙辰	乙卯	甲寅	癸丑	壬子	辛亥	庚戌	己酉	戊申	丁未	丙午
寅戌	卯酉	辰申	卯酉	巳未	未巳	申辰		子寅	寅子		戌時	巳酉	辰戌	午申	申午
丑寅辰巳	辰巳未申	子卯巳午	寅巳午未	丑巳午申	巳午申酉	卯未申戌	丑寅午未	子卯巳酉	卯辰巳申	寅卯午未	寅卯午未	辰巳午申	丑辰巳午	卯巳午酉	巳未酉戌
宜 沐浴、剃頭、掃舍宇、解除、整手足甲、祭祀、裁衣、動土、上樑、安床、入殮、破土、火化、安葬、謝土	宜 祭祀、出行、沐浴、掃舍宇、納畜、裁衣、安灶、納財、交車 忌 安床 ◈中元地官赦罪會	宜 祭祀、普渡、會親友、動土、斷蟻、入殮、破土 忌 開光、上樑、入宅	宜 祭祀、會親友、出行、栽種、祈福、解除、開光、普渡、求醫治病、問名、訂盟、提親、納采、裁衣、嫁娶、安床	宜 祭祀、安機械、解除、開光、問名、提親、納采、裁衣、嫁娶、出火、移徙、入宅、立券、交易、納財 忌 安葬	宜 祭祀、入學、開光、祈福、普渡、求醫治病、問名、訂盟、提親、納采、裁衣、嫁娶、會親友、安機械、出火、動土、上樑、安床、移徙、入宅、安香、立券、交易、納財、入殮、破土、火化、安葬、謝土 忌 作灶	宜 祭祀、入殮、火化、安葬、謝土 忌 探病	宜 破屋壞垣 忌 探病	宜 祭祀、解除、普渡、斷蟻、入殮、破土、火化、安葬 忌 吉事、上樑 ◈日值受死日忌諸吉事	宜 祭祀、會親友、出行、沐浴、安機械、栽種、祈福、解除、納畜、普渡、剃頭、問名、訂盟、提親、納采、裁衣、作樑、出火、動土、上樑、安床、移徙、入宅、安香、入殮、破土、火化、安葬、謝土	宜 沐浴、平治道塗、修飾垣墻、作灶 忌 嫁娶	宜 會親友、栽種、開光	宜 沐浴、剃頭、掃舍宇、解除、整手足甲、祭祀、入殮、破土、火化、安葬、謝土 忌 問名、訂盟、提親、納采、嫁娶	宜 祭祀、會親友、出行、沐浴、剃頭、求醫治病、掃舍宇、祈福、解除、整手足甲、納畜、開光、普渡、裁衣、出火、上樑、移徙、入宅、安香、納財、交車、入殮、火化、安葬、謝土	宜 祭祀、祈福、普渡、出行、裁衣、嫁娶、會親友、出火、動土、上樑、安床、移徙、入宅、安香、斷蟻、入殮、破土、火化、安葬、謝土 忌 作灶、開光	宜 祭祀、開光、祈福、普渡、問名、訂盟、提親、納采、裁衣、會親友、動土、安床、破土 忌 安葬
兔 49	虎 50	牛 51	鼠 52	豬 53	狗 54	雞 55	猴 56	羊 57	馬 58	蛇 59	龍 60	兔 61	虎 62	牛 63	鼠 64
西南	西北	東北	東南	正南	西南	西北	東北	東南	正南	西南	西北	東北	東南	正南	西南
正東	正東	正北	正北	正西	正西	東南	東南	正南	正南	正東	正東	正北	正北	正西	正西
廚灶門 外東南	碓磨爐 外東南	占門廁 外正東	房床碓 外正東	倉庫床 外正東	廚灶栖 外正東	碓磨門 外正東	占門爐 外東北	房床廁 外東北	倉庫碓 外東北	廚灶床 外東北	碓磨栖 外東北	占大門 外東北	房床爐 房內東	倉庫廁 房內東	廚灶碓 房內東
龍	蛇	馬	羊	猴	雞	狗	豬	鼠	牛	虎	兔	龍	蛇	馬	羊

國曆	1	2	3	4	5	6	7	8	9	10	11	12	13	14	15
星期	五	六	日	一	二	三	四	五	六	日	一	二	三	四	五
節日								白露							
農曆	七月十七	七月十八	七月十九	七月二十	七月廿一	七月廿二	七月廿三	七月廿四	七月廿五	七月廿六	七月廿七	七月廿八	七月廿九	七月三十	八月初一
干支	壬戌	癸亥	甲子	乙丑	丙寅	丁卯	戊辰	己巳	庚午	辛未	壬申	癸酉	甲戌	乙亥	丙子
每日登貴	丑亥		酉卯	申辰		巳未	卯酉	辰申	卯酉		丑亥		酉卯	申辰	
每日吉時	寅卯巳午	子寅卯未	卯辰未申	寅卯巳申	巳午酉戌	巳午未戌	巳未申酉	巳午申酉	丑寅未申	寅卯午申	子卯辰巳	子丑辰巳	寅卯午未	寅卯未申	丑辰巳申
宜忌	宜 會親友、出行、安機械、栽種、解除、補垣塞穴、開光、入學、剃頭、問名、訂盟、提親、納采、裁衣、出火、上樑、安床、移徙、入宅、安香 ◆麒麟日	宜 沐浴、平治道塗、修飾垣牆、作灶 忌 嫁娶	宜 祭祀、會親友、出行、沐浴、安機械、祈福、納畜、開光、普渡、剃頭、問名、訂盟、提親、納采、裁衣、嫁娶、出火、動土、上樑、安床、移徙、入宅、安香、入殮 忌 破土、安葬、開市	宜 祭祀、入殮、破土、火化、安葬	宜 求醫治病、破屋壞垣 ◆日值月破大耗日，宜事少取	宜 祭祀、會親友、出行、祈福、解除、普渡、問名、訂盟、提親、納采、嫁娶、出火、上樑、移徙、入宅、安香、入殮、火化、安葬、謝土 忌 安床	宜 祭祀、入學、會親友、安機械、祈福、解除、納畜、普渡、出行、問名、訂盟、提親、納采、裁衣、出火、動土、上樑、安床、移徙、入宅、安香、開市、立券、交易、納財、交車、入殮、破土、火化、安葬、謝土 忌 造廟	節前 宜 祭祀、會親友、安機械、栽種、祈福、裁衣、嫁娶、出火、動土、上樑、安床、移徙、入宅、立券、交易、納財 節後 宜 祭祀、入學、會親友、求醫治病、安機械、栽種、祈福、開光、剃頭、裁衣、嫁娶、出火、動土、上樑、安床灶、移徙、入宅、開市、立券、交易、納財	宜 祭祀、剃頭、裁衣 忌 探病 ◆鳳凰日	宜 祭祀	宜 沐浴、剃頭、掃舍宇、栽種、整手足甲、納畜、裁衣、嫁娶、安機械、動土、上樑、納財、入殮、破土、火化、安葬	宜 祭祀、沐浴、出行	宜 祭祀、出行、沐浴、剃頭、掃舍宇、解除、整手足甲、開光、提親、納采、裁衣、嫁娶、動土、安床	宜 會親友、出行、沐浴、安機械、解除、納畜、入學、問名、訂盟、提親、納采、裁衣、出火、上樑、安床灶、移徙、入宅、安香、開市、立券、交易、納財 忌 祭祀、祈福、安葬	宜 祭祀、沐浴、修飾垣牆、平治道塗 忌 入宅
每日沖煞生肖	龍 48	蛇 47	馬 46	羊 45	猴 44	雞 43	狗 42	豬 41	鼠 40	牛 39	虎 38	兔 37	龍 36	蛇 35	馬 34
喜神	正南	東南	東北	西北	西南	正南	東南	東北	西北	西南	正南	東南	東北	西北	西南
財神	正南	正南	東南	東南	正西	正西	正北	正北	正東	正東	正南	正南	東南	東南	正西
每日胎神占方	倉庫棲 外東南	占房床 外東南	占門碓 外東南	碓磨廁 外東南	廚灶爐 外正南	倉庫門 外正南	房床棲 外正南	占門床 外正南	占碓磨 外正南	廚灶廁 外西南	倉庫爐 外西南	房床門 外西南	門雞棲 外西南	碓磨床 外西南	廚灶碓 外西南
每日福星	兔	虎	牛	鼠	豬	狗	雞	猴	羊	馬	蛇	龍	兔	虎	牛

30	29	28	27	26	25	24	23	22	21	20	19	18	17	16
六	五	四	三	二	一	日	六	五	四	三	二	一	日	六
	中秋節	教師節					秋分							
八月十六	八月十五	八月十四	八月十三	八月十二	八月十一	八月初十	八月初九	八月初八	八月初七	八月初六	八月初五	八月初四	八月初三	八月初二
辛卯	庚寅	己丑	戊子	丁亥	丙戌	乙酉	甲申	癸未	壬午	辛巳	庚辰	己卯	戊寅	丁丑
	寅時	卯時	寅申	辰午	午時		申卯	亥時		寅戌	卯酉	辰申	卯酉	巳時
寅午未申	午未酉戌	巳午申酉	丑辰巳未	寅卯午未	卯巳午酉	丑寅辰巳	卯辰巳未	卯巳午未	寅卯巳未	寅午申酉	丑未申酉	子午未申	丑巳午未	巳午酉亥
宜 祭祀、求醫治病、破屋壞垣 ◈日值月破大耗日，宜事少取	◈日逢眞滅沒，宜事不取 ◈麒麟日	宜 會親友、安機械、納畜、祭祀、祈福、出行、問名、訂盟、提親、納采、裁衣、嫁娶、出火、動土、上樑、安床灶、移徙、入宅、安香、開市、立券、交易、納財、交車、入殮、破土、火化、安葬、謝土	宜 祭祀、修飾垣牆、平治道塗 忌 祈福、嫁娶	宜 會親友、出行、沐浴、安機械、開光、裁衣、出火、上樑、安床、移徙、入宅、開市、立券、交易、納財、交車 忌 祭祀、祈福、動土	宜 祭祀、沐浴、剃頭、掃舍宇、解除、整手足甲、開光、提親、納采、裁衣、動土、安床 忌 安葬、作灶、入宅	宜 祭祀、沐浴、掃舍宇、出行	宜 沐浴、剃頭、安機械、掃舍宇、栽種、整手足甲、納畜、出行、裁衣、動土、交易、納財、交車、入殮、破土、火化、安葬 忌 上樑、安床、開光、開市、祈福	宜 祭祀 ◈日值受死會四離日，宜事少取	宜 祭祀、剃頭、會親友、入殮 忌 探病	宜 祭祀、會親友、求醫治病、安機械、栽種、祈福、納畜、剃頭、問名、訂盟、提親、納采、裁衣、嫁娶、出火、動土、上樑、安床灶、移徙、入宅、安香、開市、立券、交易、納財 忌 安葬	宜 祭祀、會親友、栽種、祈福、解除、開光、入學、剃頭、嫁娶、安床、入殮、破土、火化、安葬、謝土	宜 求醫治病、破屋壞垣 忌 探病 ◈日值月破大耗日，宜事少取	宜 沐浴、開光、入學、解除、提親、納采、裁衣、動土、上樑、入殮、破土、火化、安葬	宜 祭祀、祈福、出行、問名、訂盟、提親、納采、嫁娶、會親友、出火、動土、安床、移徙、入宅、安香、栽種、入殮、破土、火化、安葬、謝土 忌 作灶
雞 19	猴 20	羊 21	馬 22	蛇 23	龍 24	兔 25	虎 26	牛 27	鼠 28	豬 29	狗 30	雞 31	猴 32	羊 33
西南	西北	東北	東南	正南	西南	西北	東北	東南	正南	西南	西北	東北	東南	正南
正東	正東	正北	正北	正西	正西	東南	東南	正南	正南	正東	正東	正北	正北	正西
廚灶門外正北	碓磨爐外正北	占門廁外正北	房床碓外正北	倉庫床外西北	廚灶棲外西北	碓磨門外西北	占門爐外西北	房床廁外西北	倉庫碓外西北	廚灶床外正西	碓磨棲外正西	占大門外正西	房床爐外正西	倉庫廁外正西
狗	豬	鼠	牛	虎	兔	龍	蛇	馬	羊	猴	雞	狗	豬	鼠

國曆	星期	節日	農曆	干支	每日登貴	每日吉時	宜忌	每日沖煞生肖	喜神	財神	每日胎神占方	每日福星
1	日		八月十七	壬辰	子時	卯巳申酉	宜祭祀、開光、入學、出行、剃頭、問名、訂盟、提親、納采、裁衣、會親友、出火、動土、上樑、安床灶、移徙、入宅、安香、立券、交易、納財、交車、入殮、破土	狗 18	正南	正南	倉庫栖外正北	雞
2	一		八月十八	癸巳	戌子	子丑卯巳	宜祭祀、會親友、求醫治病、祈福、解除、剃頭、問名、訂盟、提親、納采、嫁娶、出火、動土、安床灶、移徙、入宅、安香 忌上樑	豬 17	東南	正南	占房床房內北	猴
3	二		八月十九	甲午	申寅	寅卯未戌	宜祭祀、剃頭、嫁娶、會親友、作灶 忌安葬	鼠 16	東北	東南	占門碓房內北	羊
4	三		八月二十	乙未	未卯	子寅卯午	宜祭祀 忌諸吉事、嫁娶 ◈日值受死日忌諸吉事	牛 15	西北	東南	碓磨廁房內北	馬
5	四		八月廿一	丙申	午辰	辰巳午酉	宜沐浴、剃頭、安機械、掃舍宇、納畜、解除、裁衣、嫁娶、納財、入殮、火化、安葬	虎 14	西南	正西	廚灶爐房內北	蛇
6	五		八月廿二	丁酉	辰午	辰巳午酉	宜祭祀、沐浴、掃舍宇、出行 忌開市、立券、交易、納財、作灶	兔 13	正南	正西	倉庫門房內北	龍
7	六		八月廿三	戊戌	寅申	卯巳午未	宜祭祀、出行、沐浴、剃頭、掃舍宇、解除、提親、納采、裁衣、動土、上樑、安床、開市、交車 ◈鳳凰日	龍 12	東南	正北	房床栖房內南	兔
8	日	寒露	八月廿四	己亥	卯未	寅卯午未	節前宜會親友、出行、沐浴、安機械、開光、問名、訂盟、提親、納采、裁衣、出火、上樑、安床、移徙、入宅、開市、立券、交易、納財、交車。節後宜沐浴、剃頭 忌安葬	蛇 11	東北	正北	占門床房內南	虎
9	一		八月廿五	庚子	寅申	辰未申酉	宜沐浴、開光、入學、剃頭、會親友、安床、開市、入殮、火化、安葬 忌出火、移徙、入宅、嫁娶	馬 10	西北	正東	占碓磨房內南	牛
10	二	國慶日	八月廿六	辛丑		寅巳午申	宜祭祀	羊 69	西南	正東	廚灶廁房內南	鼠
11	三		八月廿七	壬寅	子戌	子卯巳午	宜入殮、破土、火化、安葬 忌諸吉事、嫁娶 ◈日值受死日忌諸吉事	猴 68	正南	正南	倉庫爐房內南	豬
12	四		八月廿八	癸卯	戌子	卯巳未戌	宜祭祀、會親友、出行、求醫治病、安機械、栽種、祈福、解除、納畜、開光、問名、訂盟、提親、納采、裁衣、嫁娶、出火、動土、上樑、安床灶、移徙、入宅、入殮、破土、火化、安葬、謝土 忌開市	雞 67	東南	正南	房床門房內南	狗
13	五		八月廿九	甲辰		寅未申酉	宜祭祀、沐浴、解除、破屋壞垣	狗 66	東北	東南	門雞栖房內東	雞
14	六		八月三十	乙巳	未卯	寅卯申酉	宜問名、訂盟、提親、納采、裁衣、嫁娶、會親友、安機械、安床、納財 忌嫁娶	豬 65	西北	東南	碓磨床房內東	猴
15	日		九月初一	丙午	午辰	巳未酉戌	宜祭祀、會親友、出行、安機械、栽種、祈福、解除、沐浴、剃頭、問名、訂盟、提親、納采、裁衣、出火、動土、上樑、安床、移徙、入宅、安香、開市、立券、交易、納財、交車、入殮、破土、火化、安葬、謝土 ◈日環食台灣不可見，宜事照常	鼠 64	西南	正西	廚灶碓房內東	羊

31	二		九月十七	壬戌	亥酉	寅卯巳午	宜 祭祀、會親友、出行、求醫治病、祈福、解除、問名、訂盟、提親、納采、上樑、安床 忌 安葬	龍 48	正南	正南	倉庫栖 外東南	兔
30	一		九月十六	辛酉	子申	丑寅辰巳	宜 祭祀、沐浴、剃頭、掃舍宇、整手足甲、祈福、嫁娶、安床灶、入殮、破土、火化、安葬、謝土 忌 開光	兔 49	西南	正東	廚灶門 外東南	龍
29	日		九月十五	庚申	丑未	辰巳未申	◈台灣可見初虧與月沒帶食，宜事不取	虎 50	西北	正東	碓磨爐 外東南	蛇
28	六		九月十四	己未	寅午	子卯巳午	宜 祭祀、嫁娶、作灶、納財 忌 開市、安葬	牛 51	東北	正北	占門廁 外正東	馬
27	五		九月十三	戊午	丑未	寅巳午未	宜 會親友、出行、求醫治病、安機械、祭祀、開光、問名、訂盟、提親、納采、裁衣、嫁娶、出火、上樑、安床灶、移徙、入宅、安香 ◈麒麟日	鼠 52	東南	正北	房床碓 外正東	羊
26	四		九月十二	丁巳	卯巳	丑巳午申	宜 問名、訂盟、提親、納采、嫁娶、納財 忌 上樑、入宅	豬 53	正南	正西	倉庫床 外正東	猴
25	三	台灣光復節	九月十一	丙辰	巳卯	巳午申酉	宜 祭祀、沐浴、解除、破屋壞垣 ◈日值月破大耗日，宜事少取	狗 54	西南	正西	廚灶栖 外正東	雞
24	二	霜降	九月初十	乙卯	午寅	卯未申戌	宜 祭祀、入殮、破土、火化、安葬、謝土 忌 探病	雞 55	西北	東南	碓磨門 外正東	狗
23	一	重陽節	九月初九	甲寅	寅時	丑寅午未	宜 入殮、破土、火化、安葬 忌 探病	猴 56	東北	東南	占門爐 外東北	豬
22	日		九月初八	癸丑	戌子	子卯巳酉	宜 平治道塗 ◈日值季月紅紗正煞，宜事少取	羊 57	東南	正南	房床廁 外東北	鼠
21	六		九月初七	壬子	子戌	卯辰巳申	宜 沐浴、剃頭、會親友、開市、立券、交易、納財、入殮、火化、安葬 忌 嫁娶、入宅	馬 58	正南	正南	倉庫碓 外東北	牛
20	五		九月初六	辛亥	丑酉	寅卯午未	宜 祭祀、會親友、出行、沐浴、剃頭、安機械、掃舍宇、祈福、解除、納畜、開光、入學、求醫治病、裁衣、出火、上樑、安床、移徙、入宅、安香 忌 嫁娶、安葬、作灶、動土	蛇 59	西南	正東	廚灶床 外東北	虎
19	四		九月初五	庚戌	寅申	寅卯午未	宜 祭祀、會親友、納畜、裁衣、嫁娶、出火、上樑、移徙、入宅、安香、納財、交車 忌 動土、破土	龍 60	西北	正東	碓磨栖 外東北	兔
18	三		九月初四	己酉	未時	辰巳午申	宜 沐浴、剃頭、掃舍宇、整手足甲、祭祀、解除、安床灶、斷蟻	兔 61	東北	正北	占大門 外東北	龍
17	二		九月初三	戊申	申時	丑辰巳午	宜 祭祀、入學、沐浴、剃頭、求醫治病、栽種、祈福、解除、整手足甲、會親友、出行 忌 豎造全章、安葬	虎 62	東南	正北	房床爐 房內東	蛇
16	一		九月初二	丁未	辰午	卯巳午酉	宜 祭祀 忌 作灶、開市、安葬	牛 63	正南	正西	倉庫廁 房內東	馬

國曆	星期	節日	農曆	干支	每日登貴	每日吉時	宜忌	每日沖煞生肖	喜神	財神	每日胎神占方	每日福星
1	三		九月十八	癸亥	酉亥	子寅卯未	【宜】祭祀、沐浴、掃舍宇、開光、入學、出行、解除、剃頭、求醫治病、裁衣、會親友、上樑、安床、交車、斷蟻【忌】動土、破土、入宅	蛇 47	東南	正南	占房床 外東南	虎
2	四		九月十九	甲子	未丑	卯辰未申	【宜】沐浴、剃頭、問名、訂盟、提親、納采、裁衣、會親友、安床、入殮【忌】破土、安葬、嫁娶、上樑、入宅、作灶	馬 46	東北	東南	占門碓 外東南	牛
3	五		九月二十	乙丑	午寅	寅卯巳申	【宜】祭祀、修飾泥牆、平治道塗 ◈日值季月紅紗正煞，宜事少取	羊 45	西北	東南	碓磨廁 外東南	鼠
4	六		九月廿一	丙寅	巳卯	巳午酉戌	【宜】入殮、破土、火化、安葬【忌】作灶 ◈鳳凰日	猴 44	西南	正西	廚灶爐 外正南	豬
5	日		九月廿二	丁卯	卯巳	巳午未戌	【宜】祭祀、會親友、安機械、祈福、納畜、開光、出行、問名、訂盟、提親、納采、裁衣、嫁娶、上樑、安床、入殮、破土、火化、安葬、謝土	雞 43	正南	正西	倉庫門 外正南	狗
6	一		九月廿三	戊辰	丑未	巳未申酉	【宜】祭祀、沐浴、破屋壞垣 ◈日值月破大耗日，宜事少取	狗 42	東南	正北	房床栖 外正南	雞
7	二		九月廿四	己巳		巳午申酉	【宜】安機械	豬 41	東北	正北	占門床 外正南	猴
8	三	立冬	九月廿五	庚午	丑未	丑寅未申	節前【宜】祭祀、會親友、出行、求醫治病、栽種、祈福、解除、沐浴、剃頭、問名、訂盟、提親、納采、裁衣、上樑、安灶、開市、立券、交易、納財、交車、入殮、破土、火化、安葬、謝土 節後【宜】祭祀、會親友、出行、栽種、祈福、解除、納畜、剃頭、問名、訂盟、提親、納采、裁衣、動土、上樑、安灶、開市、立券、交易、納財、交車、入殮、破土、火化、安葬、謝土【忌】探病、入宅	鼠 40	西北	正東	占碓磨 外正南	羊
9	四		九月廿六	辛未	子申	寅卯午申	【宜】祭祀、入學、會親友、安機械、祈福、納畜、開光、問名、訂盟、提親、納采、裁衣、動土、上樑、安床灶、入殮、破土、火化、安葬、謝土【忌】開市、立券、交易、納財	牛 39	西南	正東	廚灶廁 外西南	馬
10	五		九月廿七	壬申	亥酉	子卯辰巳	【宜】沐浴、掃舍宇、祭祀、斷蟻 ◈日值受死日忌諸吉事	虎 38	正南	正南	倉庫爐 外西南	蛇
11	六		九月廿八	癸酉	酉亥	子丑辰巳	【宜】祭祀、沐浴、開光、祈福、出行、解除、剃頭、求醫治病、裁衣、嫁娶、動土、安床、開市、立券、交易、交車、栽種、破土、謝土【忌】入學、上樑	兔 37	東南	正南	房床門 外西南	龍
12	日		九月廿九	甲戌	未丑	寅卯午未	【宜】祭祀、祈福、出行、問名、訂盟、提親、納采、嫁娶、動土、斷蟻、入殮、破土、火化、安葬、謝土【忌】入宅	龍 36	東北	東南	門雞栖 外西南	兔
13	一		十月初一	乙亥	午寅	寅卯未申	【宜】祭祀、沐浴、出行【忌】安葬	蛇 35	西北	東南	碓磨床 外西南	虎
14	二		十月初二	丙子	巳卯	丑辰巳申	【宜】出行、沐浴、剃頭、求醫治病、掃舍宇、解除、整手足甲、祭祀、入學、問名、訂盟、提親、納采、裁衣、嫁娶、會親友、安機械、出火、動土、上樑、移徙、入宅、安香、開市、立券、交易、納財、交車、栽種、入殮、破土、火化、安葬、謝土【忌】作灶、安床	馬 34	西南	正西	廚灶碓 外西南	牛
15	三		十月初三	丁丑		巳午酉亥	【宜】斷蟻	羊 33	正南	正西	倉庫廁 外正西	鼠

30	29	28	27	26	25	24	23	22	21	20	19	18	17	16
四	三	二	一	日	六	五	四	三	二	一	日	六	五	四
								小雪						
十月十八	十月十七	十月十六	十月十五	十月十四	十月十三	十月十二	十月十一	十月初十	十月初九	十月初八	十月初七	十月初六	十月初五	十月初四
壬辰	辛卯	庚寅	己丑	戊子	丁亥	丙戌	乙酉	甲申	癸未	壬午	辛巳	庚辰	己卯	戊寅
申時	亥未	子午	丑巳	子時		寅時	巳丑	未丑	酉亥	亥酉		丑未	寅午	丑未
卯巳申酉	寅午未申	午未酉戌	巳午申酉	丑辰巳未	寅卯午未	卯巳午酉	丑寅辰巳	卯辰巳未	卯巳午未	寅卯巳未	寅午申酉	丑未申酉	子午未申	丑巳午未
宜沐浴、剃頭、整手足甲、祭祀、解除、提親、納采、嫁娶 忌動土、破土	宜會親友、出行、安機械、祭祀、開光、祈福、入學、剃頭、裁衣、出火、動土、上樑、安床灶、移徙、入宅、安香、開市、立券、交易、納財、交車、入殮、破土 忌安葬 ◈麒麟日	宜會親友、出行、平治道塗、栽種、修飾垣牆、納畜、開光、問名、訂盟、提親、納采、裁衣、出火、動土、上樑、安移徙、入宅、開市、立券、交易、納財、交車、入殮、破土、火化、安葬	宜開光、沐浴、裁衣、會親友、安機械、安床	宜沐浴、掃舍宇、入學、出行、解除、剃頭、求醫治病、問名、訂盟、提親、納采、嫁娶、出火、動土、移徙、入宅、安香、入殮、破土、火化、安葬	宜祭祀、沐浴	宜祭祀、裁衣、嫁娶、安床、掃舍宇、入殮、破土	宜祭祀、入學、出行、沐浴、剃頭、解除、整手足甲、開光、問名、訂盟、提親、納采、裁衣、嫁娶、動土、安床、立券、交易、納財、交車、破土、謝土 忌安葬	宜祭祀、解除、沐浴、入殮	宜祭祀、會親友、祈福、納畜、開光、解除、沐浴、剃頭、問名、訂盟、提親、納采、栽種、入殮、火化、安葬、謝土 忌開市、立券、交易、納財、嫁娶、入宅、動土、上樑	宜祭祀、會親友、開光、出行、解除、問名、訂盟、提親、納采、裁衣、嫁娶、出火、動土、上樑、安床灶、移徙、入宅、安香、開市、立券、交易、納財、交車、納畜 忌安葬	宜求醫治病、破屋壞垣	宜祭祀、會親友、沐浴、剃頭、求醫治病、祈福、解除、納畜、出行、裁衣、嫁娶、出火、上樑、安床、移徙、入宅、安香、入殮、火化、安葬、謝土 忌開市、動土、破土	宜祭祀、會親友、安機械、栽種、祈福、解除、開光、問名、訂盟、提親、納采、裁衣、動土、上樑、安床灶、入殮、破土、火化、安葬、謝土 忌探病、開市、立券、交易、納財、嫁娶、入宅	宜會親友、出行、安機械、出貨、納畜、開光、問名、訂盟、提親、納采、裁衣、安床、開市、立券、交易、納財、交車、入殮、火化、安葬 忌嫁娶、破土
狗 18	雞 19	猴 20	羊 21	馬 22	蛇 23	龍 24	兔 25	虎 26	牛 27	鼠 28	豬 29	狗 30	雞 31	猴 32
正南	西南	西北	東北	東南	正南	西南	西北	東北	東南	正南	西南	西北	東北	東南
正南	正東	正東	正北	正北	正西	正西	東南	東南	正南	正南	正東	正東	正北	正北
倉庫棲外正北	廚灶門外正北	碓磨爐外正北	占門廁外正北	房床碓外正北	倉庫床外西北	廚灶棲外西北	碓磨門外西北	占門爐外西北	房床廁外西北	倉庫碓外西北	廚灶床外正西	碓磨棲外正西	占大門外正西	房床爐外正西
雞	狗	豬	鼠	牛	虎	兔	龍	蛇	馬	羊	猴	雞	狗	豬

國曆	星期	節日	農曆	干支	每日登貴	每日吉時	宜忌	每日沖煞生肖	喜神	財神	每日胎神占方	每日福星
1	五		十月十九	癸巳		子丑卯巳	宜：求醫治病、破屋壞垣	豬 17	東南	正南	占房床 房內北	猴
2	六		十月二十	甲午	午時	寅卯未戌	宜：祭祀、會親友、出行、栽種、祈福、解除、納畜、開光、入學、剃頭、問名、訂盟、提親、納采、裁衣、嫁娶、出火、動土、上樑、安床灶、移徙、入宅、安香、納財、交車、入殮、破土、火化、安葬、謝土	鼠 16	東北	東南	占門碓 房內北	羊
3	日		十月廿一	乙未	巳時	子寅卯午	宜：祭祀、入學、會親友、安機械、祈福、解除、納畜、開光、剃頭、問名、訂盟、提親、納采、裁衣、上樑、安床灶、入殮、火化、安葬、謝土	牛 15	西北	東南	碓磨廁 房內北	馬
4	一		十月廿二	丙申	辰時	辰巳午酉	宜：沐浴、掃舍宇、祭祀、入殮、破土、火化、安葬 ◆鳳凰日 ◆日值受死日，忌諸吉事	虎 14	西南	正西	廚灶爐 房內北	蛇
5	二		十月廿三	丁酉	寅辰	辰巳午酉	宜：祭祀、入學、沐浴、祈福、出行、解除、裁衣、動土、安床、開市、立券、交易、交車、栽種、破土、謝土	兔 13	正南	正西	倉庫門 房內北	龍
6	三		十月廿四	戊戌	子午	卯巳午未	宜：裁衣、嫁娶、安床、入殮、破土、火化、安葬 忌：作灶、開光	龍 12	東南	正北	房床栖 房內南	兔
7	四	大雪	十月廿五	己亥	丑時	寅卯午未	節前宜：出行節後宜：出行、剃頭、裁衣 節後忌：嫁娶	蛇 11	東北	正北	占門床 房內南	虎
8	五		十月廿六	庚子		辰未申酉	宜：祭祀	馬 10	西北	正東	占碓磨 房內南	牛
9	六		十月廿七	辛丑	亥時	寅巳午申	宜：祭祀、會親友、出行、沐浴、剃頭、求醫治病、安機械、掃舍宇、祈福、解除、整手足甲、納畜、問名、訂盟、提親、納采、裁衣、嫁娶、上樑、立券、交易、納財、交車	羊 69	西南	正東	廚灶廁 房內南	鼠
10	日		十月廿八	壬寅	戌時	子卯巳午	宜：會親友、安機械、栽種、解除、納畜、開光、剃頭、裁衣、上樑、安床、開市、立券、交易、納財、入殮、火化、安葬 忌：動土、破土、探病	猴 68	正南	正南	倉庫爐 房內南	豬
11	一		十月廿九	癸卯		卯巳未戌	宜：平治道塗	雞 67	東南	正南	房床門 房內南	狗
12	二		十月三十	甲辰	午子	寅未申酉	宜：祭祀、會親友、安機械、祈福、納畜、問名、訂盟、提親、納采、裁衣、嫁娶、出火、動土、上樑、安床、移徙、入宅、安香、栽種、入殮、破土、火化、安葬、謝土 忌：作灶	狗 66	東北	東南	門雞栖 房內東	雞
13	三		十一月初一	乙巳	巳丑	寅卯申酉	宜：祭祀、祈福、沐浴、剃頭、提親、納采、裁衣、會親友、出火、動土、上樑、安床灶、移徙、入宅、安香 忌：嫁娶	豬 65	西北	東南	碓磨床 房內東	猴
14	四		十一月初二	丙午		巳未酉戌	宜：求醫治病、破屋壞垣	鼠 64	西南	正西	廚灶碓 房內東	羊
15	五		十一月初三	丁未	寅辰	卯巳午酉	宜：祭祀、祈福、出行、提親、動土、安床、交易、交車	牛 63	正南	正西	倉庫廁 房內東	馬

16	六		十一月初四	戊申	子午	丑辰巳午	宜會親友、沐浴、剃頭、求醫治病、安機械、掃舍宇、解除、整手足甲、祭祀、開光、祈福、裁衣、出火、上樑、安灶、移徙、入宅、入殮、火化、安葬、謝土 忌安床	虎 62	東南	正北	房床爐 房內東	蛇
17	日		十一月初五	己酉	丑巳	辰巳午申	宜沐浴、剃頭、掃舍宇、整手足甲 忌嫁娶、安葬	兔 61	東北	正北	占大門 外東北	龍
18	一		十一月初六	庚戌	子午	寅卯午未	宜祭祀、入學、會親友、栽種、祈福、解除、開光、提親、納采、裁衣、動土、上樑、安床、納畜、破土	龍 60	西北	正東	碓磨栖 外東北	兔
19	二		十一月初七	辛亥	亥未	寅卯午未	宜沐浴、裁衣、動土、安灶、栽種 忌祭祀、祈福、嫁娶、安葬	蛇 59	西南	正東	廚灶床 外東北	虎
20	三		十一月初八	壬子		卯辰巳申	宜入殮、火化、安葬	馬 58	正南	正南	倉庫碓 外東北	牛
21	四		十一月初九	癸丑	申戌	子卯巳酉	宜祭祀、沐浴、剃頭、安機械、掃舍宇、解除、整手足甲、裁衣、栽種 忌安葬 ◆日值四離日，宜事少取	羊 57	東南	正南	房床廁 外東北	鼠
22	五	冬至	十一月初十	甲寅	午子	丑寅午未	宜會親友、安機械、栽種、解除、開光、入學、剃頭、問名、訂盟、提親、納采、裁衣、立券、交易、納財、入殮、火化、安葬 忌探病、入宅	猴 56	東北	東南	占門爐 外東北	豬
23	六		十一月十一	乙卯		卯未申戌	宜祭祀、修飾垣牆、平治道塗 忌探病	雞 55	西北	東南	碓磨門 外正東	狗
24	日		十一月十二	丙辰	卯丑	巳午申酉	宜祭祀、會親友、祈福、開光、問名、訂盟、提親、納采、嫁娶、動土、上樑、安床、入殮、破土、火化、安葬、謝土 忌開市	狗 54	西南	正西	廚灶栖 外正東	雞
25	一	聖誕節 行憲紀念日	十一月十三	丁巳		丑巳午申	宜祭祀	豬 53	正南	正西	倉庫床 外正東	猴
26	二		十一月十四	戊午		寅巳午未	宜祭祀、沐浴、破屋壞垣	鼠 52	東南	正北	房床碓 外正東	羊
27	三		十一月十五	己未	子辰	子卯巳午	宜祭祀、動土、安床、入殮、破土 ◆麒麟日	牛 51	東北	正北	占門廁 外正東	馬
28	四		十一月十六	庚申	亥巳	辰巳未申	宜會親友、出行、沐浴、剃頭、求醫治病、掃舍宇、解除、整手足甲、上樑、安灶、移徙、入宅、安香、入殮、火化、安葬、謝土 忌開市	虎 50	西北	正東	碓磨爐 外東南	蛇
29	五		十一月十七	辛酉	戌午	丑寅辰巳	宜沐浴、剃頭、掃舍宇、整手足甲、祭祀、裁衣、安床灶 忌嫁娶	兔 49	西南	正東	廚灶門 外東南	龍
30	六		十一月十八	壬戌	酉未	寅卯巳午	宜祭祀、會親友、栽種、祈福、解除、納畜、開光、剃頭、問名、訂盟、提親、納采、裁衣、動土、上樑、安床灶、破土	龍 48	正南	正南	倉庫栖 外東南	兔
31	日		十一月十九	癸亥	未酉	子寅卯未	宜沐浴、裁衣、安灶、斷蟻	蛇 47	東南	正南	占房床 外東南	虎

人生顧問 467

2023開運大預言&喜兔年開運農民曆

作者　雨揚老師
協力編輯　楊家瑜、雨揚國際文創部
責任編輯　廖宜家
主編　謝翠鈺
企劃　陳玟利
攝影　楊書府
梳化　劉佳雯
美術編輯　劉秋筑
封面設計　初雨有限公司

董事長　趙政岷
出版者　時報文化出版企業股份有限公司
10819台北市和平西路三段二四〇號七樓
發行專線　(〇二)二三〇六六八四二
讀者服務專線　〇八〇〇二三一七〇五・(〇二)二三〇四七一〇三
讀者服務傳真　(〇二)二三〇四六八五八
郵撥　一九三四四七二四時報文化出版公司
信箱　一〇八九九　台北華江橋郵局第九九信箱

時報悅讀網　http://www.readingtimes.com.tw
法律顧問　理律法律事務所　陳長文律師、李念祖律師
印刷　和楹印刷有限公司
初版一刷　二〇二二年十月二十八日
定價　新台幣四五〇元

2023 開運大預言 & 喜兔年開運農民曆 / 雨揚老師作 . -- 初版 .
-- 臺北市 : 時報文化出版企業股份有限公司 , 2022.10
面 ;　公分 . -- (人生顧問 ; 467)
ISBN 978-626-335-904-8(平裝)

1.CST: 生肖 2.CST: 改運法

293.1　　111014143

ISBN 978-626-335-904-8
Printed in Taiwan

時報文化出版公司成立於一九七五年，
並於一九九九年股票上櫃公開發行，於二〇〇八年脫離中時集團非屬旺中，
以「尊重智慧與創意的文化事業」爲信念。